Gröls Verlage

„Bücher sind wie Fallschirme. Sie nützen uns nichts, wenn wir sie nicht öffnen."

Gröls Verlag

Redaktionelle Hinweise und Impressum

Das vorliegende Werk wurde zugunsten der Authentizität sehr zurückhaltend bearbeitet. So wurden etwa ursprüngliche Rechtschreibfehler *nicht* systematisch behoben, denn kleine Unvollkommenheiten machen das Buch – wie im Übrigen den Menschen – erst authentisch. Mitunter wurden jedoch zum Beispiel Absätze behutsam neu getrennt, um den Lesefluss zu erleichtern.

Um die Texte zu rekonstruieren, werden antiquarische Bücher von Lesegeräten gescannt und dann durch eine Software lesbar gemacht. Der so entstandene Text wird von Menschen gegengelesen und korrigiert – hierbei treten auch Fehler auf. Wenn Sie ebenfalls antiquarische Texte einreichen möchten, finden Sie weitere Informationen auf www.groels.de

Viel Freude bei der Lektüre wünscht Ihnen das Team des Gröls-Verlags.

Adressen

Verleger: Sophia Gröls, Im Borngrund 26, 61440 Oberursel

Externer Dienstleister für Distribution & Herstellung: BoD, In de Tarpen 42, 22848 Norderstedt

Unsere „Edition | Werke der Weltliteratur" hat den Anspruch, eine der größten und vollständigsten Sammlungen klassischer Literatur in deutscher Sprache zu sein. Nach und nach versammeln wir hier nicht nur die „üblichen Verdächtigen" von Goethe bis Schiller, sondern auch Kleinode der vergangenen Jahrhunderte, die – zu Unrecht – drohen, in Vergessenheit zu geraten. Wir kultivieren und kuratieren damit einen der wertvollsten Bereiche der abendländischen Kultur. Kleine Auswahl:

Francis Bacon • Neues Organon • **Balzac** • Glanz und Elend der Kurtisanen • **Joachim H. Campe** • Robinson der Jüngere • **Dante Alighieri** • Die Göttliche Komödie • **Daniel Defoe** • Robinson Crusoe • **Charles Dickens** • Oliver Twist • **Denis Diderot** • Jacques der Fatalist • **Fjodor Dostojewski** • Schuld und Sühne • **Arthur Conan Doyle** • Der Hund von Baskerville • **Marie von Ebner-Eschenbach** • Das Gemeindekind • **Elisabeth von Österreich** • Das Poetische Tagebuch • **Friedrich Engels** • Die Lage der arbeitenden Klasse • **Ludwig Feuerbach** • Das Wesen des Christentums • **Johann G. Fichte** • Reden an die deutsche Nation • **Fitzgerald** • Zärtlich ist die Nacht • **Flaubert** • Madame Bovary • **Gorch Fock** • Seefahrt ist not! • **Theodor Fontane** • Effi Briest • **Robert Musil** • Über die Dummheit • **Edgar Wallace** • Der Frosch mit der Maske • **Jakob Wassermann** • Der Fall Maurizius • **Oscar Wilde** • Das Bildnis des Dorian Grey • **Émile Zola** • Germinal • **Stefan Zweig** • Schachnovelle • **Hugo von Hofmannsthal** • Der Tor und der Tod • **Anton Tschechow** • Ein Heiratsantrag • **Arthur Schnitzler** • Reigen • **Friedrich Schiller** • Kabale und Liebe • **Nicolo Machiavelli** • Der Fürst • **Gotthold E. Lessing** • Nathan der Weise • **Augustinus** • Die Bekenntnisse des heiligen Augustinus • **Marcus Aurelius** • Selbstbetrachtungen • **Charles Baudelaire** • Die Blumen des Bösen • **Harriett Stowe** • Onkel Toms Hütte • **Walter Benjamin** • Deutsche Menschen • **Hugo Bettauer** • Die Stadt ohne Juden • **Lewis Caroll** • *und viele mehr….*

Richard Wagner
Die Meistersinger von Nürnberg

Inhalt

Erster Aufzug

Erste Szene

(Die Bühne stellt das Innere der Katharinenkirche in schrägem Durchschnitt dar. Von dem Hauptschiff, welches links ab dem Hintergrunde zu sich ausdehnend anzunehmen ist, sind nur noch die letzten Reihen der Kirchenstuhlbänke sichtbar,- den Vordergrund nimmt der freie Raum vor dem Chor ein; dieser wird später durch einen schwarzen Vorhang gegen das Schiff zu gänzlich geschlossen. In der letzten Reihe der Kirchenstühle sitzen Eva und Magdalene; Walther von Stolzing steht, in einiger Entfernung, zur Seite an eine Säule gelehnt, die Blicke auf Eva heftend, die sich mit stummem Gebärdenspiel wiederholt zu ihm umkehrt.)

Choral der Gemeinde: Da zu dir der Heiland kam,
(Walther drückt durch Gebärde eine schmachtende Frage an Eva aus.)
willig deine Taufe nahm,
(Evas Blick und Gebärde sucht zu antworten; doch beschämt schlägt sie das Auge wieder nieder.)
weihte sich dem Opfertod,
(Walther zärtlich, dann dringender.)
gab er uns des Heils Gebot:
(Eva, Walther schüchtern abweisend, aber schnell wieder seelenvoll zu ihm aufblickend.)
daß wir durch ein' Tauf' uns weih'n,
(Walther entzückt, höchste Beteuerungen, Hoffnung.)
seines Opfers wert zu sein.
(Eva lächelnd, dann beschämt die Augen senkend. Walther dringend, aber schnell sich unterbrechend.)
Edler Täufer, Christ's Vorläufer!
*(Walther nimmt die dringende Gebärde wieder auf, mildert sie aber

sogleich, um sanft um eine Unterredung zu bitten.)
Nimm uns freundlich an, dort am Fluß Jordan.

(Die Gemeinde erhebt sich, wendet sich dem Ausgange zu und verläßt unter dem Nachspiel allmählich die Kirche. Walther heftet in höchster Spannung seinen Blick auf Eva, welche ihren Sitz ebenfalls verläßt und, von Magdalene gefolgt, langsam in seine Nähe kommt. Da Walther Eva sich nähern sieht, drängt er sich gewaltsam durch die Kirchgänger zu ihr.)

Walther *(leise, doch feurig zu Eva)*:
Verweilt! – Ein Wort! Ein einzig Wort!

Eva *(sich schnell zu Magdalena umwendend)*:
Mein Brusttuch! Schau! Wohl liegt's im Ort?

Magdalene: Vergeßlich' Kind! Nun heißt es: such!
(Sie kehrt nach den Kirchenstühlen zurück.)

Walther: Fräulein! Verzeiht der Sitte Bruch!
Eines zu wissen, eines zu fragen,
was müßt' ich nicht zu brechen wagen?
Ob Leben oder Tod, ob Segen oder Fluch?
Mit einem Worte sei mir's vertraut:
mein Fräulein sagt –

Magdalene *(zurückkommend)*:
Hier ist das Tuch.

Eva: O weh! Die Spange!

Magdalene: Fiel sie wohl ab?
(Sie geht suchend abermals nach hinten.)

Walther: Ob Licht und Lust oder Nacht und Tod?
Ob ich erfahr, wonach ich verlange,
ob ich vernehme, wovor mir graut:
Mein Fräulein, sagt –

Magdalene *(wieder zurückkommend)*:
Da ist auch die Spange.
Komm, Kind! Nun hast du Spang' und Tuch ...
O weh! Da vergaß ich selbst mein Buch!
(Sie geht nochmals eilig nach hinten.)

Walther: Dies eine Wort, Ihr sagt mir's nicht?
Die Silbe, die mein Urteil spricht?
Ja oder nein! – ein flücht'ger Laut:
mein Fräulein sagt,
(entschlossen und hastig) seid Ihr schon Braut?

Magdalene *(die wieder zurückgekehrt ist und sich vor Walther verneigt)*:
Sieh da, Herr Ritter,
wie sind wir hochgeehrt:
mit Evchens Schutze habt Ihr Euch gar beschwert?
Darf den Besuch des Helden
ich Meister Pogner melden?

Walther *(bitter, leidenschaftlich)*:
Oh, betrat ich doch nie sein Haus!

Magdalene: Ei, Junker! Was sagt Ihr da aus?
In Nürnberg eben nur angekommen,
wart Ihr nicht freundlich aufgenommen?
Was Küch' und Keller, Schrein und Schrank
Euch bot, verdient' es keinen Dank?

Eva: Gut Lenchen, ach, das meint er ja nicht.
Doch von mir wohl wünscht er Bericht.
Wie sag ich's schnell? Versteh' ich's doch kaum!
Mir ist, als wär' ich gar wie im Traum! –
Er frägt – ob ich schon Braut?

Magdalene *(heftig erschrocken)*:
Hilf Gott! Sprich nicht so laut!

Jetzt laß uns nach Hause gehn;
wenn uns die Leut' hier sehn!

Walther: Nicht eh'r, bis ich alles weiß!

Eva *(zu Magdalene)*:
's ist leer, die Leut' sind fort.

Magdalene: Drum eben wird mir heiß!
Herr Ritter, an andrem Ort!

(David tritt aus der Sakristei ein und macht sich darüber her, die, schwarzen Vorhänge zu schließen.)

Walther *(dringend)*:
Nein! Erst dies Wort!

Eva *(bittend zu Magdalene)*:
Dies Wort!

Magdalene *(die sich bereits umgewendet, erblickt David, hält an und ruft zärtlich für sich)*:
David? Ei! David hier?

(Sie wendet sich wieder zurück, und zu Walther.)

Eva *(zu Magdalene)*:
Was sag ich? Sag du's nur!

Magdalene *(zerstreut, öfter nach David sich umsehend)*:
Herr Ritter, was Ihr die Jungfer fragt,
das ist so leichtlich nicht gesagt;
fürwahr ist Evchen Pogner Braut

Eva *(lebhaft unterbrechend)*:
Doch hat noch keiner den Bräut'gam erschaut.

Magdalene: Den Bräut'gam wohl noch niemand kennt,

bis morgen ihn das Gericht ernennt,
das dem Meistersinger erteilt den Preis –

Eva *(enthusiastisch)*:
Und selbst die Braut ihm reicht das Reis.

Walther *(verwundert)*:
Dem Meistersinger?

Eva *(bang)*:
Seid Ihr das nicht?

Walther: Ein Werbgesang?

Magdalene: Vor Wettgericht.

Walther: Den Preis gewinnt?

Magdalene: Wen die Meister meinen.

Walther: Die Braut dann wählt?

Eva *(sich vergessend)*:
Euch oder keinen!

(Walther wendet sich, in großer Erregung auf und ab gehend, zur Seite.)

Magdalene *(sehr erschrocken)*:
Was, Evchen! Evchen! Bist du von Sinnen?

Eva: Gut' Lene, laß mich den Ritter gewinnen!

Magdalene: Sahst ihn doch gestern zum erstenmal?

Eva: Das eben schuf mir so schnelle Qual,
daß ich schon längst ihn im Bilde sah!
Sag, trat er nicht ganz wie David nah?

Magdalene *(höchst verwundert)*:
Bist du toll? Wie David?

Eva: Wie David im Bild.

Magdalene: Ach, meinst du den König mit der Harfen
und langem Bart in der Meister Schild?

Eva: Nein! Der, dess' Kiesel den Goliath warfen,
das Schwert im Gurt, die Schleuder zur Hand,
das Haupt von lichten Locken umstrahlt,
wie ihn uns Meister Dürer gemalt.

Magdalene *(laut seufzend)*:
Ach, David! David!

David *(der hinausgegangen und jetzt wieder zurückkommt, ein Lineal im Gürtel und ein großes Stück weißer Kreide an einer Schnur schwenkend)*:
Da bin ich! Wer ruft?

Magdalene: Ach, David! Was Ihr für Unglück schuft!
(Für sich) Der liebe Schelm! Wüßt' er's noch nicht?
(Laut) Ei seht, da hat er uns gar verschlossen?

David *(zärtlich)*:
Ins Herz Euch allein!

Magdalene *(feurig)*:
Das treue Gesicht! Ei sagt!
Was treibt Ihr hier für Possen?

David: Behüt es, Possen? Gar ernste Ding'!
Für die Meister hier richt' ich den Ring.

Magdalene: Wie? Gäb' es ein Singen?

David: Nur Freiung heut:
der Lehrling wird da losgesprochen,
der nichts wider die Tabulatur verbrochen;
Meister wird, wen die Prob' nicht reut.

Magdalene: Da wär' der Ritter ja am rechten Ort. –
Jetzt, Evchen, komm, wir müssen fort.

Walther *(schnell sich zu den Frauen wendend)*:
Zu Meister Pogner laßt mich euch geleiten.

Magdalene: Erwartet den hier; er ist bald da.
Wollt Ihr Evchens Hand erstreiten,
rückt Ort und Zeit das Glück Euch nah.
(Zwei Lehrbuben kommen dazu und tragen Bänke herbei.)
Jetzt eilig von hinnen!

Walther: Was soll ich beginnen?

Magdalene: Laßt David Euch lehren, die Freiung begehren. –
Davidchen, hör, mein lieber Gesell,
den Ritter hier bewahr' mir wohl zur Stell'!
Was Fein's aus der Küch' bewahr' ich für dich;
und morgen begehr' du noch dreister,
wird hier der Junker heut' Meister.

(Sie drängt Eva zum Fortgehen.)

Eva *(zu Walther)*:
Seh' ich Euch wieder?

Walther *(sehr feurig)*:
Heut abend, gewiß! –
Was ich will wagen, wie könnt' ich's sagen?
Neu ist mein Herz, neu mein Sinn,
neu ist mir alles, was ich beginn'.
Eines nur weiß ich, eines begreif' ich:
Mit allen Sinnen Euch zu gewinnen!
Ist's mit dem Schwert nicht, muß es gelingen,
gilt es als Meister Euch zu ersingen.
Für Euch Gut und Blut!
Für Euch Dichters heil'ger Mut!

Eva *(mit großer Wärme)*:
Mein Herz, sel'ger Glut,
für Euch liebesheil'ge Hut!

Magdalene: Schnell heim, sonst geht's nicht gut!

David *(der Walther verwunderungsvoll gemessen)*:
Gleich Meister? Oho! Viel Mut!

(Magdalene zieht Eva eilig durch die Vorhänge nach sich fort. Walther wirft sich, aufgeregt und brütend, in einen erhöhten kathederartigen Lehnstuhl, den zuvor zwei Lehrbuben von der Wand ab mehr nach der Mitte zu gerückt haben.)

Zweite Szene

(Noch mehrere Lehrbuben sind eingetreten; sie tragen und stellen Bänke und richten alles zur Sitzung der Meistersinger her.)

Zweiter Lehrbube: David, was stehst?

Erster Lehrbube: Greif ans Werk!

Zweiter Lehrbube: Hilf uns richten das Gemerk!

David: Zu eifrigst war ich vor euch allen;
schafft nun für euch:
hab ander Gefallen!

Vier Lehrbuben: Was der sich dünkt!

Vier Lehrbuben: Der Lehrling' Muster!

Vier Lehrbuben: Das macht, weil sein Meister ein Schuster.

Vier Lehrbuben: Beim Leisten sitzt er mit der Feder.

Vier Lehrbuben: Beim Dichten mit Draht und Pfriem.

Vier Lehrbuben: Sein' Verse schreibt er auf rohes Leder.

Alle zwölf Lehrbuben *(mit entsprechender Gebärde)*:
Das, dächt' ich, gerbten wir ihm!

(Sie machen sich lachend an die fernere Herrichtung.)

David *(nachdem er den sinnenden Ritter eine Weile betrachtet)*:
Fanget an!

Walther *(verwundert)*:
Was soll's?

David *(noch stärker)*:
„Fanget an!“ – So ruft der „Merker“.
Nun sollt Ihr singen! Wißt Ihr das nicht?

Walther: Wer ist der Merker?

David: Wißt Ihr das nicht? Wart Ihr noch nie bei ‘nem Sing-Gericht?

Walther: Noch nie, wo die Richter Handwerker!

David: Seid Ihr ein „Dichter“?

Walther: Wär' ich's doch!

David: Seid Ihr ein „Singer“?

Walther: Wüßt' ich's noch!

David: Doch „Schulfreund“ wart Ihr und „Schüler“ zuvor?

Walther: Das klingt mir alles fremd vorm Ohr.

David: Und so gradhin wollt Ihr Meister werden?

Walther: Wie, machte das so große Beschwerden?

David: O Lene! Lene!

Walther: Wie Ihr doch tut!

David: O Magdalene!

Walther: Ratet mir gut!

David *(setzt sich in Positur)*:
Mein Herr, der Singer Meister-Schlag
gewinnt sich nicht an einem Tag.
In Nüremberg der größte Meister
mich lehrt die Kunst Hans Sachs!
Schon voll ein Jahr mich unterweist er,
daß ich als Schüler wachs'.

Schuhmacherei und Poeterei,
die lern' ich da alleinerlei:
hab ich das Leder glatt geschlagen,
lern' ich Vokal und Konsonanz sagen;
wichst' ich den Draht erst fest und steif,
was sich dann reimt, ich wohl begreif!
Den Pfriemen schwingend,
im Stich die Ahl',
was stumpf, was klingend,
was Maß, was Zahl –
den Leisten im Schurz, was lang, was kurz,
was hart, was lind, hell oder blind,
was Waisen, was Milben, was Klebsilben,
was Pausen, was Körner, was Blumen, was Dörner –
das alles lernt' ich mit Sorg' und Acht.
Wie weit nun, meint Ihr, daß ich's gebracht?

Walther: Wohl zu 'nem Paar recht guter Schuh'?

David: Ja, dahin hat's noch gute Ruh'!
Ein „Bar“ hat manch Gesätz' und Gebänd';
wer da gleich die rechte Regel fänd',
die richt'ge Naht und den rechten Draht,
mit gutgefügten „Stollen“ den Bar recht zu versohlen.
Und dann erst kommt der „Abgesang“;
daß der nicht kurz und nicht zu lang
und auch keinen Reim enthält,
der schon im Stollen gestellt.
Wer alles das merkt, weiß und kennt,
wird doch immer noch nicht „Meister“ genennt.

Walther: Hilf Gott! Will ich denn Schuster sein?
In die Singkunst lieber führ mich ein.

David: Ja, hätt' ich's nur selbst schon zum „Singer“ gebracht!
Wer glaubt wohl, was das für Mühe macht?

Der Meister Tön' und Weisen,
gar viel an Nam' und Zahl,
die starken und die leisen,
wer die wüßte allzumal!
Der „kurze", „lang'„ und „überlang'„ Ton,
die „Schreibpapier"-, „Schwarz-Tinten"-Weis';
der „rote", „blau'„ und „grüne" Ton;
die „Hageblüh"-, „Strohhalm"-, „Fengel"-Weis';
der „zarte", der „süße", der „Rosen"-Ton;
der „kurzen Liebe", der „vergeßne" Ton;
die „Rosmarin"-, „Gelbveiglein"-Weis',
die „Regenbogen"-, die „Nachtigall"-Weis',
die „englische Zinn"-, die „Zimmtröhren"-Weis',
„frisch' Pomeranzen"-, „grün' Lindenblüh"-Weis',
die „Frösch'„-, die „Kälber"-, die „Stieglitz"-Weis',
die „abgeschiedene Vielfraß"-Weis';
der „Lerchen"-, der „Schnecken"-, der „Beller"-Ton,
die „Melissenblümlein"-, die „Meiran"-Weis',
„Gelblöwenhaut"-, *(gefühlvoll)* "treu' Pelikan"-Weis',
(prunkend) die „buttglänzende Draht"-Weis' ...

Walther: Hilf Himmel! Welch endlos Tönegeleis'!

David: Das sind nur die Namen:
nun lernt sie singen,
recht, wie die Meister sie gestellt!
Jed' Wort und Ton muß klärlich klingen,
wo steigt die Stimm' und wo sie fällt;
fangt nicht zu hoch, zu tief nicht an,
als es die Stimm' erreichen kann;
mit dem Atem spart, daß er nicht knappt
und gar am End' Ihr überschnappt;
vor dem Wort mit der Stimme ja nicht summt,
nach dem Wort mit dem Mund auch nicht brummt.
Nicht ändert an „Blum'„ und „Koloratur",

jed' Zierat fest nach des Meisters Spur.
Verwechseltet Ihr, würdet gar irr',
verlört Ihr Euch und kämt ins Gewirr:
wär' sonst Euch alles auch gelungen,
da hättet Ihr gar „versungen!“
Trotz großem Fleiß und Emsigkeit
ich selbst noch bracht' es nicht so weit.
So oft ich's versuch' und ‘s nicht gelingt,
die „Knieriem-Schlag“-Weis' der Meister mir singt.
(Sanft) Wenn dann Jungfer Lene nicht Hilfe weiß,
(greinend) sing' ich die „eitel Brot- und Wasser“-Weis'!
Nehmt Euch ein Beispiel dran
und laßt vom Meister-Wahn!
Denn „Singer“ und „Dichter“ müßt Ihr sein,
eh' Ihr zum „Meister“ kehret ein.

Vier Lehrbuben *(während der Arbeit)*:
David!

Walther: Wer ist nun Dichter?

Vier Lehrbuben: David! Kommst her?

David *(zu den Lehrbuben)*:
Wartet nur, gleich! –
(Schnell wieder zu Walther sich wendend):
Wer der „Dichter“ wär'?
Habt Ihr zum „Singer“ Euch aufgeschwungen
und der Meister Töne richtig gesungen,
fügtet Ihr selbst nun Reim' und Wort',
daß sie genau an Stell' und Ort
paßten zu eines Meisters Ton,
dann trügt Ihr den Dichterpreis davon.

Vier Lehrbuben: He, David! Soll man's dem Meister klagen?

Alle Lehrbuben: Wirst dich bald des/deines Schwatzens entschlagen?

David: Oho! – Jawohl! Denn helf' ich euch nicht,
ohne mich wird alles doch falsch gericht't.

(Er will sich zu ihnen wenden.)

Walther *(ihn zurückhaltend)*:
Nur dies noch:
wer wird „Meister“ genannt?

David *(schnell wieder umkehrend)*:
Damit, Herr Ritter, ist's so bewandt:
(Mit sehr tiefsinniger Miene.)
Der Dichter, der aus eig'nem Fleiße
zu Wort' und Reimen, die er erfand,
(äußerst zart) aus Tönen auch fügt eine neue Weise,
der wird als „Meistersinger“ erkannt.

Walther: So bleibt mir einzig der Meisterlohn!
Muß ich singen,
kann's nur gelingen,
find' ich zum Vers auch den eig'nen Ton.

David *(der sich zu den Lehrbuben gewendet)*:
Was macht ihr denn da? – Ja, fehl' ich beim Werk,
verkehrt nur richtet ihr Stuhl und Gemerk! –
(Er wirft polternd und lärmend die Anordnungen der Lehrbuben in betreff des Gemerkes um.)
Ist denn heut „Singschul'„? – Daß ihr's wißt,
das kleine Gemerk! – Nur „Freiung“ ist!

(Die Lehrbuben, welche in der Mitte der Bühne ein größeres Gerüst mit Vorhängen aufgeschlagen hatten, schaffen auf Davids Weisung dies schnell beiseite und stellen dafür ein geringeres Brettergerüst auf; daraufstellen sie einen Stuhl mit einem kleinen Pult davor, daneben eine große schwarze Tafel, daran die Kreide am Faden aufgehängt wird; um das Gerüst sind schwarze Vorhänge

angebracht, die zunächst hinten und an beiden Seiten, dann auch vorn ganz zusammengezogen werden.)

Alle Lehrbuben *(während der Herrichtung)*:
Aller End' ist doch David der Allergescheit'st,
nach hohen Ehren ganz sicher er geizt:
'S ist Freiung heut;
gewiß er freit,
als vornehmer „Singer" er schon sich spreizt!
Die „Schlag"-Reime fest er inne hat,
„Arm-Hunger"-Weise singt er glatt.

Vier Lehrbuben (1. Tenor): Doch die „harte-Tritt"-Weis', die kennt er am best' –

Alle: Die trat ihm der Meister hart und fest!
(Mit der Gebärde zweier Fußtritte.) (Sie lachen.)

David: Ja, lacht nur zu! Heut bin ich's nicht;
ein andrer stellt sich zum Gericht:
der war nicht Schüler, ist nicht Singer,
den Dichter, sagt er, überspring' er;
denn er ist Junker, und mit einem Sprung er
denkt ohne weit're Beschwerden
heut' hier Meister zu werden.
Drum richtet nur fein das Gemerk dem ein!
(Während die Lehrbuben vollends aufrichten.)
Dorthin! – Hierher! Die Tafel all die Wand,
so daß sie recht dem Merker zur Hand!
(Sich zu Walther um wendend.)
Ja, ja, dem „Merker"! – Wird Euch wohl bang?
Vor ihm schon mancher Werber versang.
Sieben Fehler gibt er Euch vor,
die merkt er mit Kreide dort an;
wer über sieben Fehler verlor,
hat versungen und ganz vertan!

Nun nehmt Euch in acht!
Der Merker wacht. *(Derb in die Hände schlagend.)*
Glück auf zum Meistersingen!
Mögt Euch das Kränzlein erschwingen!
Das Blumenkränzlein aus Seiden fein
wird das dem Herrn Ritter beschieden sein?

Die Lehrbuben *(welche zu gleicher Zeit das Gemerk geschlossen haben, fassen sich an und tanzen einen verschlungenen Reigen um dasselbe)*:
Das Blumenkränzlein aus Seiden fein,
wird das dem Herrn Ritter beschieden sein?

(Die Lehrbuben fahren sogleich erschrocken auseinander, als die Sakristei aufgeht und Pogner mit Beckmesser eintritt;sie ziehen sich nach hinten zurück.)

Dritte Szene

(Die Einrichtung ist nun folgendermaßen beendigt: Zur Seite rechts sind gepolsterte Bänke in der Weise ausgestellt, daß sie einen schwachen Halbkreis nach der Mitte zu bilden. Am Ende der Bänke, in der Mitte der Bühne, befindet sich das „Gemerk" benannte Gerüst, welches zuvor hergerichtet worden. Zur linken Seite steht nun der erhöhte, kathederartige Stuhl („der Singstuhl") der Versammlung gegenüber. Im Hintergrunde, den großen Vorhang entlang, steht eine lange niedere Bank für die Lehrlinge. Walther, verdrießlich über das Gespött der Knaben, hat sich auf die vordere Bank niedergelassen. Pogner und Beckmesser sind im Gespräch aus der Sakristei aufgetreten. Die Lehrbuben harren, ehrerbietig vor der hinteren Bank stehend. Nur David stellt sich anfänglich am Eingang der Sakristei auf.)

Pogner *(zu Beckmesser)*:
Seid meiner Treue wohl versehen.
Was ich bestimmt, ist Euch zu Nutz:

im Wettgesang müßt Ihr bestehen;
wer böte Euch als Meister Trutz?

Beckmesser: Doch wollt Ihr von dem Punkt nicht weichen,
der mich – ich sag's – bedenklich macht;
kann Evchens Wunsch den Werber streichen,
was nützt mir meine Meisterpracht?

Pogner: Ei sagt! Ich mein, vor allen Dingen
sollt' Euch an dem gelegen sein.
Könnt Ihr der Tochter Wunsch nicht zwingen,
wie möchtet Ihr wohl um sie frei'n?

Beckmesser: Ei ja! Gar wohl! Drum eben bitt' ich,
daß bei dem Kind Ihr für mich sprecht,
wie ich geworben zart und sittig
und wie Beckmesser grad Euch recht.

Pogner: Das tu ich gern.

Beckmesser *(beiseite)*:
Er läßt nicht nach!
Wie wehrt' ich da 'nem Ungemach?

Walther *(der, als er Pogner gewahrt, aufgestanden und ihm entgegengegangen ist, verneigt sich vor ihm)*:
Gestattet, Meister!

Pogner: Wie, mein Junker?
Ihr sucht mich in der Singschul' hie?

(Sie wechseln die Begrüßungen.)

Beckmesser *(immer beiseite)*:
Verstünden's die Frau'n! Doch schlechtes Geflunker
gilt ihnen mehr als all' Poesie.
(Er geht verdrießlich im Hintergrunde auf und ab.)

Walther: Hier eben bin ich am rechten Ort.
Gesteh' ich's frei, vom Lande fort

was mich nach Nürnberg trieb,
war nur zur Kunst die Lieb'.
Vergaß ich's gestern Euch zu sagen,
heut muß ich's laut zu künden wagen:
ein Meistersinger möcht' ich sein.
(Sehr innig.) Schließt, Meister, in die Zunft mich ein!

(Kunz Vogelgesang und Konrad Nachtigall sind eingetreten.)

Pogner *(freudig zu den Hinzutretenden)*:
Kunz Vogelgesang! Freund Nachtigall!
Hört doch, welch' ganz besondrer Fall!
Der Ritter hier, mir wohlbekannt,
hat der Meisterkunst sich zugewandt.

(Vorstellungen, Begrüßungen, andere Meister treten noch dazu.)

Beckmesser *(wieder in den Vordergrund tretend, für sich)*:
Noch such' ich's zu wenden;
doch sollt's nicht gelingen,
versuch' ich des Mädchens Herz zu ersingen.
In stiller Nacht, von ihr nur gehört,
erfahr' ich, ob auf mein Lied sie schwört. *(Walther erblickend.)*
Wer ist der Mensch?

Pogner *(sehr warm zu Walther fortfahrend)*:
Glaubt, wie mich's freut!
Die alte Zeit dünkt mich erneut.

Beckmesser: Er gefällt mir nicht!

Pogner: Was Ihr begehrt,

Beckmesser: Was will er hier? –

Pogner: ... soviel an mir ....

Beckmesser: Wie der Blick ihm lacht!

Pogner: ... sei's Euch gewährt.
Half ich Euch gern bei des Guts Verkauf,

Beckmesser: Holla, Sixtus!

Pogner: in die Zunft nun nehm' ich Euch gleich gern auf.

Beckmesser: Auf den hab acht!

Walther: Habt Dank der Güte aus tiefstem Gemüte!
Und darf ich denn hoffen, steht heut mir noch offen,
zu werben um den Preis, daß Meistersinger ich heiß'?

Beckmesser: Oho! Fein sacht! Auf dem Kopf steht kein Kegel!

Pogner: Herr Ritter, dies geh' nun nach der Regel.
Doch heut ist Freiung:
ich schlag' Euch vor;
mir leihen die Meister ein willig Ohr.

(Die Meistersinger sind nun alle angelangt, zuletzt Hans Sachs.)

Sachs: Gott grüß Euch, Meister!

Vogelgesang: Sind wir beisammen?

Beckmesser: Der Sachs ist ja da!

Nachtigall: So ruft die Namen!

Kothner *(zieht eine Liste hervor, stellt sich zur Seite auf und ruft laut)*:
Zu einer Freiung und Zunftberatung
ging an die Meister ein' Einladung:
bei Nenn' und Nam', ob jeder kam,
ruf' ich nun auf als letztentbot'ner,
der ich mich nenn' und bin Fritz Kothner.
Seid Ihr da, Veit Pogner?

Pogner: Hier zur Hand. *(Er setzt sich.)*

Kothner: Kunz Vogelgesang?

Vogelgesang: Ein sich fand. *(Er setzt sich.)*

Kothner: Hermann Ortel?

Ortel: Immer am Ort. *(Er setzt sich.)*

Kothner: Balthasar Zorn?

Zorn: Bleibt niemals fort. *(Er setzt sich.)*

Kothner: Konrad Nachtigall?

Nachtigall: Treu seinem Schlag. *(Er setzt sich.)*

Kothner: Augustin Moser?

Moser: Nie fehlen mag. *(Er setzt sich.)*

Kothner: Niklaus Vogel? – Schweigt?

Ein Lehrbube *(von der Bank aufstehend)*:
Ist krank.

Kothner: Gut' Bess'rung dem Meister!

Die Meister *(außer Kothner)*:
Walt's Gott!

Der Lehrbube: Schön' Dank! *(Er setzt sich wieder nieder.)*

Kothner: Hans Sachs?

David *(vorlaut sich erhebend und auf Sachs zeigend)*:
Da steht er!

Sachs *(drohend zu David)*:
Juckt dich das Fell?
Verzeiht, Meister! Sachs ist zur Stell'. *(Er setzt sich.)*

Kothner: Sixtus Beckmesser?

Beckmesser: Immer bei Sachs *(während er sich setzt)*,
daß den Reim ich lern' von „blüh' und wachs".

(Sachs lacht.)

Kothner: Ulrich Eißlinger?

Eißlinger: Hier. *(Er setzt sich.)*

Kothner: Hans Foltz?

Foltz: Bin da. *(Er setzt sich.)*

Kothner: Hans Schwarz?

Schwarz: Zuletzt:
Gott wollt's! *(Setzt sich.)*

Kothner: Zur Sitzung gut und voll die Zahl.
Beliebt's, wir schreiten zur Merkerwahl?

Vogelgesang: Wohl eh'r nach dem Fest.

Beckmesser: Pressiert's dem Herrn?
Mein Stell' und Amt laß ich ihm gern.

Pogner: Nicht doch, Ihr Meister! Laßt das jetzt fort.
Für wichtigen Antrag bitt ich ums Wort.

(Alle Meister stehen auf, nicken Kothner zu und setzen sich wieder.)

Kothner: Das habt Ihr, Meister, sprecht!

Pogner: Nun hört und versteht mich recht! –
Das schöne Fest, Johannistag,
Ihr wißt, begeh'n wir morgen.
Auf grüner Au', am Blumenhang,
bei Spiel und Tanz im Lustgelag,
an froher Brust geborgen,
vergessen seiner Sorgen,
ein jeder freut sich, wie er mag.
Die Singschul' ernst im Kirchenchor
die Meister selbst vertauschen;
mit Kling und Klang hinaus zum Tor
auf offne Wiese ziehn sie vor
bei hellen Festes Rauschen;

das Volk sie lassen lauschen
dem Freigesang mit Laienohr.
Zu einem Werb- und Wettgesang
gestellt sind Siegespreise,
und beide preist man weit und lang,
die Gabe wie die Weise.
Nun schuf mich Gott zum reichen Mann;
und gibt ein jeder, wie er kann,
so mußte ich wohl sinnen,
was ich gäb' zu gewinnen,
daß ich nicht käm' zu Schand':
so hört denn, was ich fand.
In deutschen Landen viel gereist,
hat oft es mich verdrossen,
daß man den Bürger wenig preist,
ihn karg nennt und verschlossen.
An Höfen wie an nied'rer Statt
des bitt'ren Tadels ward ich satt,
daß nur auf Schacher und Geld
sein Merk' der Bürger stellt.
Daß wir im weiten deutschen Reich
die Kunst einzig noch pflegen,
dran dünkt ihnen wenig gelegen.
Doch wie uns das zur Ehre gereich',
und daß mit hohem Mut
wir schätzen, was schön und gut,
was wert die Kunst und was sie gilt,
das ward ich der Welt zu zeigen gewillt.
Drum hört, Meister, die Gab',
die als Preis bestimmt ich hab.
Dem Sieger, der im Kunstgesang
vor allem Volk den Preis errang
am Sankt-Johannis-Tag,
sei er, wer er auch mag,

dem geh' ich, ein Kunstgewogner,
von Nürnberg Veit Pogner,
mit all meinem Gut, wie's geh' und steh',
Eva, mein einzig Kind, zur Eh'.

Die Meister *(sich erhebend und sehr lebhaft durcheinander)*:
Das heißt ein Wort! Ein Mann!
Da sieht man, was ein Nürnberger kann!
Drob preist man Euch noch weit und breit,
den wack'ren Bürger Pogner Veit!

Die Lehrbuben *(lustig aufspringend)*:
Alle Zeit, weit und breit:
Pogner Veit! Pogner Veit!

Vogelgesang: Wer möchte da nicht ledig sein?

Sachs: Sein Weib gäb' mancher gern wohl drein!

Kothner: Auf, ledig' Mann! Jetzt macht euch 'ran!

Pogner: Nun hört noch, wie ich's ernstlich mein'!
(Die Meister setzen sich allmählich wieder nieder, die Lehrbuben ebenfalls.)
Ein' leblos' Gabe geh' ich nicht:
ein Mägdlein sitzt mit zu Gericht.
Den Preis erkennt die Meisterzunft;
doch gilt's der Eh', so will's Vernunft,
daß ob der Meister Rat
die Braut den Ausschlag hat.

Beckmesser *(zu Kothner gewandt)*:
Dünkt Euch das klug?

Kothner *(laut)*:
Versteh' ich gut,
Ihr gebt uns in des Mägdleins Hut?

Beckmesser: Gefährlich das!

Kothner: Stimmt es nicht bei,
wie wäre dann der Meister Urteil frei?

Beckmesser: Laßt's gleich wählen nach Herzensziel
und laßt den Meistergesang aus dem Spiel!

Pogner: Nicht so! Wie doch? Versteht mich recht!
Wem Ihr Meister den Preis zusprecht,
die Maid kann dem verwehren,
doch nie einen andren begehren.
Ein Meistersinger muß er sein:
nur wen Ihr krönt, den soll sie frei'n.

Sachs *(erhebt sich)*:
Verzeiht!
Vielleicht schon ginget Ihr zu weit.
Ein Mädchenherz und Meisterkunst
erglüh'n nicht stets in gleicher Brunst;
der Frauen Sinn, gar unbelehrt,
dünkt mich dem Sinn des Volks gleich wert.
Wollt Ihr nun vor dem Volke zeigen,
wie hoch die Kunst Ihr ehrt,
und laßt Ihr dem Kind die Wahl zu eigen,
wollt nicht, daß dem Spruch es wehrt:
so laßt das Volk auch Richter sein;
mit dem Kinde sicher stimmt's überein.

Vogelgesang, Nachtigall: Oho!

Alle Meister *(außer Sachs und Pogner)*:
Das Volk? Ja, das wäre schön!
Ade dann Kunst und Meistertön'!

Kothner: Nein, Sachs! Gewiß, das hat keinen Sinn,
gäbt Ihr dem Volk die Regeln hin?

Sachs: Vernehmt mich recht! Wie Ihr doch tut!
Gesteht, ich kenn die Regeln gut;

und daß die Zunft die Regeln bewahr',
bemüh' ich mich selbst schon manches Jahr.
Doch einmal im Jahre fänd' ich's weise,
daß man die Regeln selbst probier',
ob in der Gewohnheit trägem Gleise
ihr' Kraft und Leben nicht sich verlier':
und ob Ihr der Natur noch seid auf rechter Spur,
das sagt Euch nur,
wer nichts weiß von der Tabulatur.

(Die Lehrbuben springen auf und reiben sich die Hände.)

Beckmesser: Hei! Wie sich die Buben freuen!

Sachs *(eifrig fortfahrend)*:
Drum möcht' es Euch nie gereuen,
daß jährlich am Sankt-Johannis-Fest,
statt daß das Volk man kommen läßt,
herab aus hoher Meister Wolk'
Ihr selbst Euch wendet zu dem Volk.
Dem Volke wollt Ihr behagen;
nun dächt' ich, läg' es nah,
Ihr ließt es selbst Euch auch sagen,
ob das ihm zur Lust geschah.
Daß Volk und Kunst gleich blüh' und wachs',
bestellt Ihr so, mein' ich, Hans Sachs.

Vogelgesang: Ihr meint's wohl recht!

Kothner: Doch steht's drum faul.

Nachtigall: Wenn spricht das Volk, halt' ich das Maul.

Kothner: Der Kunst droht allweil Fall und Schmach,
läuft sie der Gunst des Volkes nach.

Beckmesser: Drin bracht' er's weit, der hier so dreist:
Gassenhauer dichtet er meist.

Pogner: Freund Sachs, was ich mein', ist schon neu:
zuviel auf einmal brächte Reu'!
(Er wendet sich zu den Meistern.)
So frag' ich, ob den Meistern gefällt
Gab' und Regel, so wie ich's gestellt?

(Die Meister erheben sich beistimmend.)

Sachs: Mir genügt der Jungfer Ausschlagstimm'.

Beckmesser: Der Schuster weckt doch stets mir Grimm!

Kothner: Wer schreibt sich als Werber ein?
Ein Junggesell' muß es sein.

Beckmesser: Vielleicht auch ein Witwer? Fragt nur den Sachs!

Sachs: Nicht doch, Herr Merker! Aus jüng'rem Wachs
als ich und Ihr muß der Freier sein,
soll Evchen ihm den Preis verleih'n.

Beckmesser: Als wie auch ich? Grober Gesell!

Kothner: Begehrt wer Freiung, der komm' zur Stell'!
Ist jemand gemeld't, der Freiung begehrt?

Pogner: Wohl, Meister! Zur Tagesordnung kehrt!
Und nehmt von mir Bericht,
wie ich auf Meisterpflicht
einen jungen Ritter empfehle,
der will, daß man ihn wähle
und heut als Meistersinger frei'. –
Mein Junker Stolzing, kommt herbei!

(Walther tritt hervor und verneigt sich.)

Beckmesser *(bei Seite)*:
Dacht' ich mir's doch! Geht's da hinaus, Veit?
(Laut.) Meister, ich mein', zu spät ist's der Zeit.

Schwarz und Foltz: Der Fall Soll man sich freu'n?
Die übrigen Meister Ein Ritter gar?

Vogelgesang, Moser, Eißlinger: Soll man sich freu'n?

Zorn, Kothner, Nachtigall, Ortel: Wäre da Gefahr?

Vogelgesang: Oder wär' Gefahr?

Alle Meister: Immerhin hat's ein groß' Gewicht,
daß Meister Pogner für ihn spricht.

Kothner: Soll uns der Junker willkommen sein,
zuvor muß er wohl vernommen sein.

Pogner: Vernehmt ihn wohl! Wünsch' ich ihm Glück,
nicht bleib' ich doch hinter der Regel zurück.
Tut,Meister, die Fragen!

Kothner: So mög' uns der Junker sagen:
ist er frei und ehrlich geboren?

Pogner: Die Frage gebt verloren,
da ich Euch selbst des Bürge steh',
daß er aus frei' und edler Eh':
von Stolzing Walther aus Frankenland,
nach Brief und Urkund' mir wohlbekannt.
Als seines Stammes letzter Sproß
verließ er neulich Hof und Schloß
und zog nach Nürnberg her,
daß er hier Bürger wär'.

Beckmesser: Neu Junker-Unkraut! Tut nicht gut!

Nachtigall: Freund Pogners Wort Genüge tut.

Sachs: Wie längst von den Meistern beschlossen ist,
ob Herr, ob Bauer, hier nichts beschießt:
hier fragt sich's nach der Kunst allein,
wer will ein Meistersinger sein.

Kothner: Drum nun frag' ich zur Stell':
welch Meisters seid Ihr Gesell'?

Walther: Am stillen Herd in Winterszeit,
wann Burg und Hof mir eingeschneit,
wie einst der Lenz so lieblich lacht'
und wie er bald wohl neu erwacht,
ein altes Buch, vom Ahn vermacht,
gab das mir oft zu lesen:
Herr Walther von der Vogelweid',
der ist mein Meister gewesen.

Sachs: Ein guter Meister!

Beckmesser: Doch lang' schon tot;
wie lehrt' ihn der wohl der Regeln Gebot?

Kothner: Doch in welcher Schul' das Singen
mocht' Euch zu lernen gelingen?

Walther: Wann dann die Flur vom Frost befreit
und wiederkehrt die Sommerszeit,
was einst in langer Winternacht
das alte Buch mir kundgemacht,
das schallte laut in Waldespracht,
das hört' ich hell erklingen:
im Wald dort auf der Vogelweid',
da lernt' ich auch das Singen.

Beckmesser: Oho! Von Finken und Meisen
lerntet Ihr Meisterweisen?
Das wird dann wohl auch darnach sein!

Vogelgesang: Zwei art'ge Stollen faßt' er da ein.

Beckmesser: Ihr lobt ihn, Meister Vogelgesang,
wohl weil vom Vogel er lernt' den Gesang?

Kothner: Was meint Ihr, Meister? Frag' ich noch fort?
Mich dünkt, der Junker ist fehl am Ort.

Sachs: Das wird sich bäldlich zeigen.
Wenn rechte Kunst ihm eigen
und gut er sie bewährt,
was gilt's, wer sie ihn gelehrt?

Kothner *(zu Walther)*:
Seid Ihr bereit, ob Euch geriet
mit neuer Find' ein Meisterlied,
nach Dicht' und Weis' Eu'r eigen,
zur Stunde jetzt zu zeigen?

Walther: Was Winternacht, was Waldespracht,
was Buch und Hain mich wiesen;
was Dichtersanges Wundermacht
mir heimlich wollt' erschließen;
was Rosses Schritt beim Waffenritt,
was Reihentanz bei heit'rem Schanz
mir sinnend gab zu lauschen:
gilt es des Lebens höchsten Preis,
um Sang mir einzutauschen,
zu eignem Wort und eigner Weis'
will einig mir es fließen,
als Meistersang, ob den ich weiß,
Euch Meistern sich ergießen.

Beckmesser: Entnahmt Ihr was der Worte Schwall?

Vogelgesang: Ei nun, er wagt's!

Nachtigall: Merkwürd'ger Fall!

Kothner: Nun, Meister, wenn's gefällt,
werd'das Gemerk bestellt. –
(Zu Walther):
Wählt der Herr einen heiligen Stoff?

Walther: Was heilig mir, der Liebe Panier
schwing' und sing' ich mir zu Hoff .

Kothner: Das gilt uns weltlich. Drum allein,
Meister Beckmesser, schließt Euch ein!

Beckmesser *(erhebt sich und schreitet wie widerwillig dem Gemerke zu)*:
Ein sau'res Amt, und heut'zumal!
Wohl gibt's mit der Kreide manche Qual.
(Er verneigt sich gegen Walther.)
Herr Ritter, wißt:
Sixtus Beckmesser Merker ist.
Hier im Gemerk
verrichtet er still sein strenges Werk.
Sieben Fehler gibt er Euch vor,
die merkt er mit Kreide dort an:
wenn er über sieben Fehler verlor,
dann versang der Herr Rittersmann.
(Er setzt sich im Gemerk.)
Gar fein er hört;
doch daß er Euch den Mut nicht stört,
säht Ihr ihm zu, so gibt er Euch Ruh'
und schließt sich gar hier ein –
läßt Gott Euch befohlen sein.

(Er streckt den Kopf höhnisch freundlich nickend heraus und verschwindet hinter dem zugezogenen Vorhange des Gemerks gänzlich.)

Kothner *(winkt den Lehrbuben. Zu Walther)*:
Was Euch zum Liede Richt' und Schnur,
vernehmt nun aus der Tabulatur.

(Zwei Lehrbuben haben die an der Wand aufgehängte Tafel der „Leges Tabulaturae“ herabgenommen und halten sie Kothner vor; dieser liest daraus.)

„Ein jedes Meistergesanges Bar
stell' ordentlich ein Gemäße dar
aus unterschiedlichen Gesätzen,
die keiner soll verletzen.
Ein Gesätz besteht aus zweenen Stollen,
die gleiche Melodei haben sollen;
der Stoll' aus etlicher Vers' Gebänd',
der Vers hat seinen Reim am End'.
Darauf erfolgt der Abgesang,
der sei auch etlich' Verse lang
und hab' sein' besond're Melodei,
als nicht im Stollen zu finden sei.
Derlei Gemäßes mehre Baren
soll ein jed'Meisterlied bewahren;
und wer ein neues Lied gericht't,
das über vier der Silben nicht
eingreift in andrer Meister Weis',
deß Lied erwerb' sich Meisterpreis.“ –
(Er gibt die Tafel den Lehrbuben zurück; diese hängen sie wieder auf.)
Nun setzt Euch in den Singestuhl!

Walther *(mit einem Schauer)*:
Hier – in den Stuhl?

Kothner: Wie's Brauch der Schul'.

Walther *(besteigt den Stuhl und setzt sich mit Widerstreben. Beiseite)*:
Für dich, Geliebte, sei's getan!

Kothner *(sehr laut)*:
Der Sänger sitzt.

Beckmesser *(unsichtbar im Gemerk, sehr grell)*:
Fanget an!

Walther: Fanget an!
So rief der Lenz in den Wald,

daß laut es ihn durchhallt;
und wie in fern'ren Wellen
der Hall von dannen flieht,
von weither naht ein Schwellen,
das mächtig näher zieht;
es schwillt und schallt,
es tönt der Wald
von holder Stimmen Gemenge;
nun laut und hell schon nah zur Stell',
wie wächst der Schwall! Wie Glockenhall
ertost des Jubels Gedränge!
Der Wald, wie bald
antwortet er dem Ruf,
der neu ihm Leben schuf,
stimmte an
das süße Lenzeslied! –

(Man hört aus dem Gemerk unmutige Seufzer des Merkers und heftiges Anstreichen mit der Kreide. Auch Walther hat es gehört; nach kurzer Störung fährt er fort.)

In einer Dornenhecken,
von Neid und Gram verzehrt,
mußt' er sich da verstecken,
der Winter, grimm-bewehrt.
Von dürrem Laub umrauscht
er lauert da und lauscht,
wie er das frohe Singen
zu Schaden könnte bringen. –
(Er steht vom Stuhle auf.)
Doch:
fanget an!
So rief es mir in der Brust,
als noch ich von Liebe nicht wußt'.
Da fühlt' ich's tief sich regen,

als weckt' es mich aus dem Traum;
mein Herz mit bebenden Schlägen
erfüllte des Busens Raum:
das Blut, es wallt mit Allgewalt,
geschwellt von neuem Gefühle;
aus warmer Nacht mit Übermacht
schwillt mir zum Meer der Seufzer Heer
im wilden Wonnegewühle.
Die Brust wie bald
antwortet sie dem Ruf,
der neu ihr Leben schuf;
stimmt nun an
das hehre Liebeslied!

Beckmesser *(den Vorhang aufreißend)*:
Seid Ihr nun fertig?

Walther: Wie fraget Ihr?

Beckmesser: Mit der Tafel ward ich fertig schier.

(Er hält die ganz mit Kreidestrichen bedeckte Tafel heraus; die Meister brechen in ein Gelächter aus.)

Walther: Hört doch! Zu meiner Frauen Preis
gelang' ich jetzt erst mit der Weis'.

Beckmesser *(das Gemerk verlassend)*:
Singt, wo Ihr wollt! Hier habt Ihr vertan.
Ihr Meister, schaut die Tafel Euch an:
so lang' ich leb', ward's nicht erhört;
ich glaubt's nicht, wenn Ihr's all auch schwört!

Walther: Erlaubt Ihr's, Meister, daß er mich stört?
Blieb ich von allen ungehört?

Pogner: Ein Wort, Herr Merker! Ihr seid gereizt!

Beckmesser: Sei Merker fortan, wer danach geizt!
Doch daß der Junker hier versungen hat,
beleg' ich erst noch vor der Meister Rat.
Zwar wird's 'ne harte Arbeit sein:
wo beginnen, da wo nicht aus noch ein?
Von falscher Zahl und falschem Gebänd'
schweig' ich schon ganz und gar;
zu kurz, zu lang, wer ein End' da fänd'!
Wer meint hier im Ernst einen Bar?
Auf „blinde Meinung" klag' ich allein:
sagt, konnt' ein Sinn unsinniger sein?

Die Meister *(ohne Sachs und Pogner)*:
Man ward nicht klug! Ich muß gestehn.
Ein Ende konnte keiner erseh'n.

Beckmesser: Und dann die Weis'! Welch tolles Gekreis'
aus „Abenteuer"-, „blau Rittersporn"-Weis',
„hoch Tannen"- und „stolz Jüngling"-Ton!

Kothner: Ja, ich verstand gar nichts davon!

Beckmesser: Kein Absatz wo, kein' Koloratur,
von Melodei auch nicht eine Spur!

Ortel, dann Foltz: Wer nennt das Gesang?

Moser: Es ward einem bang'!

Nachtigall: Ja, 's ward einem bang!

Vogelgesang: Eitel Ohrgeschinder!

Zorn: Auch gar nichts dahinter!

Kothner: Und gar vom Singstuhl ist er gesprungen!

Beckmesser: Wird erst auf die Fehlerprobe gedrungen?
Oder gleich erklärt, daß er versungen?

Sachs *(der vom Beginne an Walther mit wachsendem Ernst zugehört hat, schreitet vor)*:
Halt Meister! Nicht so geeilt!
Nicht jeder Eure Meinung teilt.
Des Ritters Lied und Weise,
sie fand ich neu, doch nicht verwirrt;
verließ er unsre Gleise,
schritt er doch fest und unbeirrt.
Wollt Ihr nach Regeln messen,
was nicht nach Eurer Regeln Lauf,
der eig'nen Spur vergessen,
sucht davon erst die Regeln auf!

Beckmesser: Aha, schon recht! Nun hört Ihr's doch:
den Stümpern öffnet Sachs ein Loch,
da aus und ein nach Belieben
ihr Wesen leicht sie trieben.
Singet dem Volk auf Markt und Gassen;
hier wird nach den Regeln nur eingelassen!

Sachs: Herr Merker, was doch solch ein Eifer?
Was doch so wenig Ruh'?
Eu'r Urteil, dünkt mich, wäre reifer,
hörtet Ihr besser zu.
Darum, so komm' ich jetzt zum Schluß,
daß den Junker man zu End' hören muß.

Beckmesser: Der Meister Zunft, die ganze Schul',
gegen den Sachs da sind wir Null.

Sachs: Verhüt' es Gott, was ich begehr',
daß das nicht nach den Gesetzen wär'!
Doch da nun steht geschrieben:
„Der Merker werde so bestellt,
daß weder Haß noch Lieben
das Urteil trübe, das er fällt" –

Geht der nun gar auf Freiersfüßen,
wie sollt' er da die Lust nicht büßen,
den Nebenbuhler auf dem Stuhl
zu schmähen vor der ganzen Schul'?

(Walther flammt auf.)

Nachtigall: Ihr geht zu weit!

Kothner: Persönlichkeit!

Pogner: Vermeidet, Meister, Zwist und Streit!

Beckmesser: Ei, was kümmert doch Meister Sachsen,
auf was für Füßen ich geh?
Ließ er doch lieber Sorge sich wachsen,
daß mir nichts drück' die Zeh'!
Doch seit mein Schuster ein großer Poet,
gar übel es um mein Schuhwerk steht.
Da seht, wie's schlappt und überall klappt!
All seine Vers' und Reim' ließ ich ihm gern daheim,
Historien, Spiel' und Schwänke dazu,
brächt' er mir morgen die neuen Schuh'!

Sachs *(kratzt sich hinter den Ohren)*:
Ihr mahnt mich da gar recht:
doch schickt sich's, Meister, sprecht,
daß, find' ich selbst dem Eseltreiber
ein Sprüchlein auf die Sohl',
dem hochgelahrten Herrn Stadtschreiber
ich nichts drauf schreiben soll?
Das Sprüchlein, das Eu'r würdig sei,
mit all meiner armen Poeterei
fand ich noch nicht zur Stund';
doch wird's wohl jetzt mir kund,
wenn ich des Ritters Lied gehört:
drum sing' er nun weiter ungestört!

(Walther steigt in großer Aufregung auf den Singstuhl und blickt stehend herab.)

Beckmesser: Nicht weiter! Zum Schluß!

Ortel, Moser, Vogelgesang, Nachtigall *(nacheinander)*:
Genug!

Zorn, Eißlinger: Zum Schluß!

Kothner: Genug! Zum Schluß .

Sachs *(zu Walther)*:
Singt dem Herrn Merker zum Verdruß!

Beckmesser: Was sollte man da noch hören?
Wär's nicht Euch zu betören?

(Er holt aus dem Gemerk die Tafel herbei und hält sie während des Folgenden, von einem zum andern sich wendend, zur Prüfung den Meistern vor.)

Walther: Aus finst'rer Dornenhecken
die Eule rauscht' hervor,
tät' rings mit Kreischen wecken
der Raben heis'ren Chor:

Beckmesser: Jeden Fehler groß und klein
seht genau auf der Tafel ein.

Die Meister *(ohne Sachs und Pogner)*:
Jawohl, so ist's!

Walther: in nächt'gem Heer zu Hauf
wie krächzen all' da auf
mit ihren Stimmen, den hohlen,
die Elstern, Kräh'n und Dohlen!

Beckmesser: "Falsch Gebänd", „unredbare Worte",
„Klebsilben", hier „Laster" gar;

Die Meister *(ohne Sachs und Pogner)*:
Ich seh' es recht!
Mit dem Herrn Ritter steht es schlecht.
Mag Sachs von ihm halten, was er will,
hier in der Singschul' schweig' er still!

Sachs *(beobachtet Walther entzückt)*:
Ha, welch ein Mut!
Begeisterungsglut! –

Walther: Auf da steigt
mit gold'nem Flügelpaar
ein Vogel wunderbar:
sein strahlend hell Gefieder
licht in den Lüften blinkt;

Beckmesser: "Äquivoca", „Reim am falschen Orte",
„verkehrt", „verstellt" der ganze Bar;
ein „Flickgesang" hier zwischen den Stollen;

Pogner: Jawohl, ich seh's, was mir nicht recht:
mit meinem Junker steht es schlecht!

Die Meister *(ohne Sachs und Pogner)*:
Bleibt einem jeden doch unbenommen,
wen er sich zum Genossen begehrt!

Sachs: Ihr Meister, schweigt doch und hört!

Walther: schwebt selig hin und wider,
zu Flug und Flucht mir winkt.
Es schwillt das Herz
vor süßem Schmerz,

Pogner: Weich' ich hier der Übermacht,
mir ahnet, daß mir's Sorge macht.

Die Meister *(ohne Sachs und Pogner)*:
Wär' uns der erste best'willkommen,
was blieben die Meister dann wert?

Sachs *(inständig)*:
Hört, wenn Sachs Euch beschwört!

Beckmesser: "blinde Meinung" allüberall;

Sachs: Herr Merker da, gönnt doch nur Ruh'!

Beckmesser: "unklare Wort'„, „Differenz",
hier „Schrollen",
da „falscher Atem", hier „Überfall".

Walther: der Not entwachsen Flügel;
es schwingt sich auf
zum kühnen Lauf,
aus der Städte Gruft
zum Flug durch die Luft,
dahin zum heimischen Hügel;

Sachs: Laßt and're hören, gebt das nur zu!
Umsonst! All eitel' Trachten!
Kaum vernimmt man sein eig'nes Wort!

Beckmesser: Ganz unverständliche Melodei!
Aus allen Tönen ein Mischgebräu!

Sachs: Des Junkers will keiner achten.
Das nenn' ich Mut, singt der noch fort!

Pogner: Wie gern säh' ich ihn angenommen,

Walther: dahin zur grünen Vogelweid',
wo Meister Walther einst mich freit';
da sing' ich hell und hehr
der liebsten Frauen Ehr';

David und die Lehrbuben *(sind von der Bank aufgestanden und nähern sich dem Gemerk, um welches sie einen Ring schließen und sich zum Reigen ordnen)*:
Glück auf zum Meistersingen,
mögt Ihr Euch das Kränzlein erschwingen!

(Sie fassen sich an und tanzen im Ringe immer lustiger um das Gemerk.)

Beckmesser: Scheutet Ihr nicht das Ungemach,
Meister, zählt mir die Fehler nach!

Die Meister *(ohne Sachs und Pogner)*:
Hei wie sich der Ritter da quält!

Pogner: als Eidam wär' er mir gar wert;

Sachs: Das Herz auf dem rechten Fleck:
ein wahrer Dichter-Reck'!

Walther: auf dann steigt,
ob Meister-Kräh'n ihm ungeneigt,
das stolze Minnelied. –

David und die Lehrbuben: Das Blumenkränzlein aus Seiden fein
wird das dem Herrn Ritter beschieden sein?

Beckmesser: Verloren hätt' er schon mit dem acht':
doch so weit wie der hat's noch keiner gebracht!

Pogner: nenn' ich den Sieger jetzt willkommen,
wer weiß, ob ihn mein Kind erwählt?

Die Meister *(ohne Sachs und Pogner)*:
Der Sachs hat ihn sich erwählt! –
(Lachend.) Hahaha!

Sachs: Mach' ich, Hans Sachs, wohl Vers' und Schuh',
ist Ritter der und Poet dazu.

Die Meister *(ohne Sachs und Pogner)*:
's ist ärgerlich gar!
Drum macht ein End'!

Beckmesser: Wohl über fünfzig, schlecht gezählt!
Sagt, ob Ihr Euch den zum Meister wählt?

Pogner: Gesteh ich's, daß mich das quält,
ob Eva den Meister wählt!

Die Meister *(ohne Sachs und Pogner)*:
Auf, Meister, stimmt
und erhebt die Händ'!

(Die Meister erheben die Hände.)

Walther: Ade, Ihr Meister, hienied'!

Beckmesser: Nun, Meister, kündet's an!

Die Meister *(ohne Sachs und Pogner)*:
Versungen und vertan!

(Er verläßt mit einer stolzen verächtlichen Gebärde den Stuhl und wendet sich rasch zum Fortgehen.)

(Alles geht in Aufregung auseinander; lustiger Tumult der Lehrbuben, welche sich des Gemerks des Singstuhls und der Meisterbänke bemächtigen, wodurch Gedränge und Durcheinander der nach dem Ausgange sich wendenden Meister entsteht.)

(Sachs, der allein im Vordergrunde geblieben, blickt noch gedankenvoll nach dem leeren Singestuhl, als die Lehrbuben auch diesen erfassen. Während Sachs mit humoristisch-unmutiger Gebärde sich abwendet, fällt der Vorhang.)

Zweiter Aufzug

Erste Szene

(Die Bühne stellt im Vordergrund eine Straße im Längendurchschnitt dar, welche in der Mitte von einer schmalen Gasse, nach dem Hintergrunde zu krumm abbiegend, durchschnitten wird, so daß sich in Front zwei Eckhäuser darbieten, von denen das eine reichere – rechts – das Haus Pogners, das andere einfachere – links – das des Hans Sachs ist. – Vor Pogners Haus eine Linde; vor dem Sachsens ein Fliederbaum.

Heiterer Sommerabend, im Verlaufe der ersten Auftritte allmählich einbrechende Nacht.

David ist darüber her, die Fensterläden nach der Gasse zu von außen zu schließen. Andere Lehrbuben tun das gleiche bei anderen Häusern.)

Lehrbuben *(während der Arbeit):* Johannistag! Johannistag!
Blumen und Bänder, so viel man mag!

David *(leise für sich)*:
Das Blumenkränzlein von Seiden fein
möcht' es mir balde beschieden sein!

Magdalene *(ist mit einem Korbe am Arm aus Pogners Haus gekommen und sucht David unbemerkt sich zu nähern)*:
Pst, David!

David *(nach der Gasse zu sich umwendend, heftig)*:
Ruft ihr schon wieder?
Singt allein eure dummen Lieder! *(Er wendet sich unwillig zur Seite.)*

Lehrbuben *(zuerst Magdalenes Stimme nachahmend)*:
David, was soll's? Wärst nicht so stolz,
schaut'st besser um, wärst nicht so dumm!

Johannistag! Johannistag!
Wie der nur die Jungfer Lene nicht kennen mag!

Magdalene: David, hör' doch! Kehr' dich zu mir!

David: Ach, Jungfer Lene! Ihr seid hier?

Magdalene *(auf ihren Korb deutend)*:
Bring' dir was Gut's; schau nur hinein!
Das soll für mein lieb' Schätzel sein.
Erst aber schnell, wie ging's mit dem Ritter?
Du rietest ihm gut? Er gewann den Kranz?

David: Ach, Jungfer Lene! Da steht's bitter; der hat versungen und ganz vertan!

Magdalene *(erschrocken)*:
Versungen? Vertan?

David: Was geht's Euch nur an?

Magdalene *(den Korb, nach welchem David die Hand ausstreckt, heftig zurückziehend)*:
Hand von der Taschen! Nichts zu naschen!
Hilf Gott! Unser Junker vertan!
(Sie geht mit Gebärden der Trostlosigkeit ins Haus zurück. David sieht verblüfft nach.)

Die Lehrbuben *(welche unbemerkt nähergeschlichen waren und gelauscht hatten, präsentieren sich jetzt, wie glückwünschend, David)*:
Heil, Heil zur Eh' dem jungen Mann!
Wie glücklich hat er gefreit!
Wir hörten's all' und sahen's an:
der er sein Herz geweiht,
für die er läßt sein Leben,
die hat ihm den Korb nicht gegeben.

David *(auffahrend)*:
Was steht ihr hier faul?
Gleich haltet das Maul!

Die Lehrbuben *(schließen einen Ring um David und tanzen um ihn)*:
Johannistag! Johannistag!
Da freit ein jeder, wie er mag.
Der Meister freit, der Bursche freit!
Da gibt's Geschlamb und Geschlumbfer.
Der Alte freit die junge Maid,
der Bursche die alte Jumbfer!
Juchhei! Juchhei! Johannistag!

(David ist im Begriff wütend dreinzuschlagen, als Sachs, der aus der Gasse hervorgekommen, dazwischentritt. Die Lehrbuben fahren auseinander.)

Sachs *(zu David)*:
Was gibt's? Treff' ich dich wieder am Schlag?

David: Nicht ich! Schandlieder singen die.

Sachs: Hör' nicht drauf! Lern's besser wie sie!
Zur Ruh'! Ins Haus! Schließ und mach Licht!

(Die Lehrbuben zerstreuen sich.)

David: Hab ich heut Singstund'?

Sachs: Nein, singst nicht
zur Straf' für dein heutig frech' Erdreisten.
Die neuen Schuh' steck mir auf den Leisten!

(David und Sachs sind in die Werkstatt eingetreten und gehen durch eine innere Tür ab.)

Zweite Szene

(Pogner und Eva, vom Spaziergang heimkehrend, die Tochter leicht am Arme des Vaters eingehängt, sind schweigsam die Gasse heraufgekommen.)

Pogner *(noch auf der Gasse, durch eine Klinze im Fensterladen von Sachs' Werkstatt spähend)*:
Laß seh'n, ob Nachbar Sachs zu Haus?
Gern spräch' ich ihn. Trät' ich wohl ein?

(David kommt mit Licht aus der Kammer, setzt sich damit an den Werktisch am Fenster und macht sich über die Arbeit her.)

Eva *(spähend)*:
Er scheint daheim:
kommt Licht heraus.

Pogner: Tu ich's? Zu was doch? – Besser, nein!
(Er wendet sich ab.)
Will einer Selt'nes wagen,
was ließ' er sich dann sagen? – –
(Er sinnt nach.)
War er's nicht, der meint', ich ging' zu weit?
Und blieb ich nicht im Geleise,
war's nicht auf seine Weise?
Doch war's vielleicht auch – Eitelkeit?
(Er wendet sich zu Eva.)
Und du, mein Kind, du sagst mir nichts?

Eva: Ein folgsam Kind, gefragt nur spricht's.

Pogner: Wie klug! Wie gut! – Komm, setz' dich hier
ein Weil' noch auf die Bank zu mir.

(Er setzt sich auf die Steinbank unter der Linde.)

Eva: Wird's nicht zu kühl?
's war heut' gar schwül.

Pogner: Nicht doch, 's ist mild und labend; gar lieblich lind der Abend.

(Eva setzt sich zögernd und beklommen Pogner zur Seite.)

Das deutet auf den schönsten Tag,
der morgen soll erscheinen.

o Kind, sagt dir kein Herzensschlag,
welch Glück dich morgen treffen mag,
wenn Nüremberg, die ganze Stadt
mit Bürgern und Gemeinen,
mit Zünften, Volk und hohem Rat,
vor dir sich soll vereinen, d
aß du den Preis, das edle Reis,
erteilest als Gemahl
dem Meister deiner Wahl?

Eva: Lieb' Vater, muß es ein Meister sein?

Pogner: Hör' wohl:
ein Meister deiner Wahl.

(Magdalene erscheint an der Tür und winkt Eva.)

Eva *(zerstreut)*:
Ja – meiner Wahl! Doch tritt nur ein –
(Laut zu Magdalene gewandt.)
Gleich, Lene, gleich! –zum Abendmahl.
(Sie steht auf.)

Pogner *(ärgerlich aufstehend)*:
's gibt doch keinen Gast?

Eva *(wie zuvor)*:
Wohl den Junker?

Pogner *(verwirrt)*:
Wieso?

Eva: Sahst ihn heut' nicht?

Pogner *(halb für sich nachdenklich zerstreut)*:
Ward sein nicht froh. –
(Sich zusammennehmend.) Nicht doch! Was denn?
(Sich vor die Stirn klopfend.) Ei, werd ich dumm?

Eva: Lieb' Väterchen, komm! Geh', kleid' dich um!

Pogner *(während er ins Haus vorangeht)*:
Hm! – Was geht mir im Kopf doch ‚rum?

Magdalene *(heimlich zu Eva)*:
Hast was heraus?

Eva *(ebenso)*:
Blieb still und stumm.

Magdalene: Sprach David:
meint', er habe vertan.

Eva *(erschrocken)*:
Der Ritter! Hilf Gott, was fing' ich an?
Ach, Lene, die Angst! Wo was erfahren?

Magdalene: Vielleicht vom Sachs?

Eva *(heiter)*:
Ach, der hat mich lieb! Gewiß, ich geh' hin.

Magdalene: Laß drin nichts gewahren!
Der Vater merkt' es, wenn man jetzt blieb'.
Nach dem Mahl:
dann hab ich dir noch was zu sagen,
(im Abgehen auf der Treppe)
was jemand geheim mir aufgetragen.

Eva *(sich umwendend)*:
Wer denn? Der Junker?

Magdalene: Nichts da! Nein, Beckmesser!

Eva: Das mag was Rechtes sein!

(Sie geht in das Haus, Magdalene folgt ihr.)

Dritte Szene

(Sachs ist, in leichter Hauskleidung, von innen in die Werkstatt zurückgekommen. Er wendet sich zu David, der an seinem Werktische verblieben ist.)

Sachs: Zeig her! – 's ist gut. – Dort an die Tür
rück' mir Tisch und Schemel herfür! –
Leg' dich zu Bett! Steh' auf beizeit'
verschlaf die Dummheit, sei morgen gescheit!

David *(während er den Tisch und Schemel richtet)*:
Schafft Ihr noch Arbeit?

Sachs: Kümmert dich das?

David *(für sich)*:
Was war nur der Lene? Gott weiß, was! –
Warum wohl der Meister heute wacht?

Sachs: Was stehst noch?

David: Schlaft wohl, Meister!

Sachs: Gut' Nacht!

(David geht in die der Gasse zu gelegene Kammer ab.)

Sachs *(legt sich die Arbeit zurecht, setzt sich an der Tür auf den Schemel, läßt aber die Arbeit wieder liegen und lehnt, mit dem Arm auf den geschlossenen Unterteil des Türladens gestützt, sich zurück)*:
Was duftet doch der Flieder
so mild, so stark und voll!
Mir löst es weich die Glieder,
will, daß ich was sagen soll.
Was gilt's, was ich dir sagen kann?
Bin gar ein arm einfältig Mann!
Soll mir die Arbeit nicht schmecken,
gäbst, Freund, lieber mich frei;

tät' besser, das Leder zu strecken,
und ließ alle Poeterei.

(Er nimmt heftig und geräuschvoll die Schusterarbeit vor. Läßt wieder ab, lehnt sich von neuem zurück und sinnt nach.)

Und doch, 's will halt nicht geh'n.
Ich fühl's – und kann's nicht versteh'n –
kann's nicht behalten – doch auch nicht vergessen;
und faß ich es ganz – kann ich's nicht messen!
Doch wie wollt' ich auch messen,
was unermeßlich mir schien?
Kein' Regel wollte da passen
und war doch kein Fehler drin.
Es klang so alt und war doch so neu
wie Vogelsang im süßen Mai!
Wer ihn hört
und wahnbetört
sänge dem Vogel nach,
dem brächt' es Spott und Schmach. –
Lenzes Gebot, die süße Not,
die legt' es ihm in die Brust:
nun sang er, wie er mußt'!
Und wie er mußt' – so konnt' er's;
das merkt' ich ganz besonders.
Dem Vogel, der heut' sang,
dem war der Schnabel hold gewachsen:
macht' er den Meistern bang,
gar wohl gefiel' er doch Hans Sachsen.
(Er nimmt mit heiterer Gelassenheit seine Arbeit vor.)

Vierte Szene

(Eva ist auf die Straße getreten, hat sich schüchtern der Werkstatt genähert und steht jetzt unbemerkt an der Tür bei Sachs.)

Eva: Gut'n Abend, Meister! Noch so fleißig?

Sachs *(fährt angenehm überrascht auf)*:
Ei, Kind!
Lieb Evchen! Noch so spät?
Und doch, warum so spät noch, weiß ich:
die neuen Schuh'?

Eva: Wie fehl er rät!
Die Schuh' hab ich noch gar nicht probiert;
sie sind so schön und reich geziert,
daß ich sie noch nicht an die Füß' mir getraut.
(Sie setzt sich dicht neben Sachs auf den Steinsitz.)

Sachs: Doch sollst sie morgen tragen als Braut?

Eva: Wer wäre denn Bräutigam?

Sachs: Weiß ich das?

Eva: Wie wißt Ihr dann, daß ich Braut?

Sachs: Ei was! – Das weiß die Stadt.

Eva: Ja, weiß es die Stadt,
Freund Sachs gute Gewähr dann hat.
Ich dacht', er wüßt' mehr.

Sachs: Was sollt' ich wissen?

Eva: Ei seht doch! Werd ich's ihm sagen müssen?
Ich bin wohl recht dumm?

Sachs: Das sag ich nicht.

Eva: Dann wärt Ihr wohl klug?

Sachs: Das weiß ich nicht.

Eva: Ihr wißt nichts? Ihr sagt nichts? Ei, Freund Sachs,
jetzt merk' ich wahrlich, Pech ist kein Wachs.
Ich hätt' Euch für feiner gehalten.

Sachs: Kind,
beid', Wachs und Pech, vertraut mir sind.
Mit Wachs strich ich die seid'nen Fäden,
damit ich dir die zieren Schuh' gefaßt:
heut faß ich die Schuh' mit dicht'ren Drähten,
da gilt's mit Pech für den derb'ren Gast.

Eva: Wer ist denn der? Wohl was Recht's?

Sachs: Das mein' ich!
Ein Meister, stolz auf Freiers Fuß,
denkt morgen zu siegen ganz alleinig:
Herrn Beckmessers Schuh' ich richten muß.

Eva: So nehmt nur tüchtig Pech dazu:
da kleb' er drin und lass' mir Ruh'!

Sachs: Er hofft dich sicher zu ersingen.

Eva: Wieso denn der?

Sachs: Ein Junggesell:
'S gibt deren wenig dort zur Stell'.

Eva: Könnt's einem Witwer nicht gelingen?

Sachs: Mein Kind, der wär' zu alt für dich.

Eva: Ei, was! Zu alt? Hier gilt's der Kunst,
wer sie versteht, der werb' um mich!

Sachs: Lieb' Evchen! Machst mir blauen Dunst?

Eva: Nicht ich! Ihr seid's; Ihr macht mir Flausen!
Gesteht nur, daß Ihr wandelbar;
Gott weiß, wer Euch jetzt im Herzen mag hausen,
glaubt' ich mich doch drin so manches Jahr.

Sachs: Wohl, da ich dich gern auf den Armen trug?

Eva: Ich seh', 's war nur, weil Ihr kinderlos.

Sachs: Hatt' einst ein Weib und Kinder genug.

Eva: Doch starb Eure Frau, so wuchs ich groß.

Sachs: Gar groß und schön!

Eva: Da dacht' ich aus,
Ihr nähmt mich für Weib und Kind ins Haus.

Sachs: Da hätt' ich ein Kind und auch ein Weib!
'ʻs wär ein lieber Zeitvertreib!
Ja, ja! Das hast du dir schön erdacht.

Eva: Ich glaub', der Meister mich gar verlacht?
Am End' auch ließ' er sich gar gefallen,
daß unter der Nas' ihm weg vor allen
der Beckmesser morgen mich ersäng'?

Sachs: Wer sollt's ihm wehren, wenn's ihm geläng'?
Dem wüßt' allein dein Vater Rat.

Eva: Wo so ein Meister den Kopf nur hat!
Käm' ich zu Euch wohl, fänd' ich's zu Haus?

Sachs *(trocken)*:
Ach ja! Hast recht! ʻs ist im Kopf mir kraus.
Hab heut manch' Sorg' und Wirr' erlebt:
da mag's dann sein, daß was drin klebt.

Eva *(wieder näher rückend)*:
Wohl in der Singschul'? ʻs war heut Gebot.

Sachs: Ja, Kind! Eine Freiung machte mir Not.

Eva: Ja, Sachs! Das hättet Ihr gleich soll'n sagen;
quält Euch dann nicht mit unnützen Fragen.
Nun sagt, wer war's, der Freiung begehrt?

Sachs: Ein Junker, Kind, gar unbelehrt.

Eva *(wie heimlich)*:
Ein Ritter? Mein, sagt!
Und ward er gefreit?

Sachs: Nichts da, mein Kind! ‘s gab gar viel Streit.

Eva: So sagt! Erzählt, wie ging es zu?
Macht's Euch Sorg', wie ließ' mir es Ruh'?
So bestand er übel und hat vertan?

Sachs: Ohne Gnad' versang der Herr Rittersmann.

Magdalene *(kommt zum Hause heraus und ruft leise)*:
Pst! Evchen! Pst!

Eva *(eifrig zu Sachs gewandt)*:
Ohne Gnade? Wie?
Kein Mittel gäb's, das ihm gedieh?
Sang er so schlecht, so fehlervoll,
daß nichts mehr zum Meister ihm helfen soll?

Sachs: Mein Kind, für den ist alles verloren,
und Meister wird der in keinem Land;
denn wer als Meister geboren,
der hat unter Meistern den schlimmsten Stand.

Magdalene *(vernehmlicher rufend)*:
Der Vater verlangt.

Eva *(immer dringender zu Sachs)*:
So sagt mir noch an,
ob keinen der Meister zum Freund er gewann?

Sachs: Das wär' nicht übel! Freund ihm noch sein!
Ihm, vor dem sich alle fühlten so klein?
Den Junker Hochmut, laßt ihn laufen,
mag er durch die Welt sich raufen;
was wir erlernt mit Not und Müh',
dabei laßt uns in Ruh' verschnaufen:

hier renn' er uns nichts über'n Haufen,
sein Glück ihm anderswo erblüh'!

Eva *(erhebt sich zornig)*:
Ja, anderswo soll's ihm erblühn
als bei euch garst'gen, neid'schen Mannsen;
wo warm die Herzen noch erglühen,
trotz allen tück'schen Meister Hansen! –
(Zu Magdalene.)
Gleich, Lene, gleich! Ich komme schon!
Was trüg' ich hier für Trost davon?
Da riecht's nach Pech, daß Gott erbarm'!
Brennt' er's lieber, da würd' er doch warm!

(Sie geht sehr aufgeregt mit Magdalene über die Straße hinüber und verweilt in großer Unruhe unter der Tür des Hauses.)

Sachs *(sieht ihr mit bedeutungsvollem Kopfnicken nach)*:
Das dacht' ich wohl. Nun heißt's: schaff Rat!

(Er ist während des Folgenden damit beschäftigt, auch die obere Ladentüre so weit zu schießen daß sie nur ein wenig Licht noch durchläßt er selbst verschwindet so fast gänzlich.)

Magdalene: Hilf Gott! Wo bliebst du nur so spat? Der Vater rief.

Eva: Geh zu ihm ein:
ich sei zu Bett im Kämmerlein.

Magdalene: Nicht doch! Hör mich! Komm ich dazu?
Beckmesser fand mich, er läßt nicht Ruh',
zur Nacht sollst du dich ans Fenster neigen,
er will dir was Schönes singen und geigen,
mit dem er dich hofft zu gewinnen, das Lied,
ob das dir nach Gefallen geriet.

Eva: Das fehlte auch noch! – Käme nur er!

Magdalene: Hast David gesehn?

Eva: Was soll mir der? *(Sie späht aus.)*

Magdalene *(für sich)*:
Ich war zu streng; er wird sich grämen.

Eva: Siehst du noch nichts?

Magdalene *(tut, als spähe sie)*:
'ʻs ist, als ob Leut' dort kämen.

Eva: Wär' er's?

Magdalene: Mach und komm jetzt hinan!

Eva: Nicht eh'r, bis ich sah den teuersten Mann!

Magdalene: Ich täuschte mich dort, er war es nicht.
Jetzt komm, sonst merkt der Vater die Geschicht'!

Eva: Ach, meine Angst!

Magdalene: Auch laß uns beraten, wie wir des Beckmessers uns entladen.

Eva: Zum Fenster gehst du für mich. *(Sie lauscht.)*

Magdalene: Wie, ich? – *(Für sich.)* Das machte wohl David eiferlich?
Er schläft nach der Gassen! Hihi, ʻs wär' fein!

Eva: Da hör' ich Schritte.

Magdalene *(zu Eva)*:
Jetzt komm, es muß sein!

Eva: Jetzt näher!

Magdalene: Du irrst! ʻs ist nichts, ich wett'.
Ei, komm! Du mußt, bis der Vater zu Bett.

Pogners Stimme *(von innen)*:
He! Lene! Eva!

Magdalene: ʻs ist höchste Zeit!
Hörst du's? Komm! Dein Ritter ist weit.

(Sie zieht die sich sträubende Eva am Arm die Stufen zur Tür hinauf)

Fünfte Szene

(Walther ist die Gasse heraufgekommen; jetzt biegt er um die Ecke herum:

Eva erblickt ihn, reißt sich von Magdalene los und stürzt Walther auf die Straße entgegen.)

Eva: Da ist er!

Magdalene: Da haben wir's! Nun heißt's: gescheit!
(Sie geht eilig in das Haus.)

Eva *(außer sich)*:
Ja, Ihr seid es! Nein, du bist es!
Alles sag' ich, denn Ihr wißt es;
alles klag' ich, denn ich weiß es;
Ihr seid beides, Held des Preises
und mein einz'ger Freund!

Walther *(leidenschaftlich)*:
Ach, du irrst! Bin nur dein Freund, doch des Preises
noch nicht würdig, nicht den Meistern ebenbürtig.
Mein Begeistern fand Verachten,
und, ich weiß es, darf nicht trachten
nach der Freundin Hand!

Eva: Wie du irrst! Der Freundin Hand,
erteilt nur sie den Preis,
wie deinen Mut ihr Herz erfand,
reicht sie nur dir das Reis.

Walther: Ach nein, du irrst! Der Freundin Hand,
wär' keinem sie erkoren;
wie sie des Vaters Wille band,
mir war sie doch verloren.
„Ein Meistersinger muß er sein,

nur wen Ihr krönt, den darf sie frein!“
So sprach er festlich zu den Herr'n,
kann nicht zurück, möcht' er auch gern!
Das eben gab mir Mut;
wie ungewohnt mir alles schien,
ich sang voll Lieb' und Glut,
daß ich den Meisterschlag verdien'.
Doch diese Meister! (Wütend.) Ha, diese Meister!
Dieser Reim-Gesetze Leimen und Kleister!
Mir schwillt die Galle,
das Herz mir stockt,
denk' ich der Falle,
darein ich gelockt!
Fort in die Freiheit!
Da hin gehör' ich,
da, wo ich Meister im Haus!
Soll ich dich frei'n heut,
dich nun beschwör' ich,
komm und folg mir hinaus!
Nichts steht zu hoffen;
keine Wahl ist offen!
Überall Meister,
wie böse Geister
seh' ich sich rotten,
mich zu verspotten:
mit den Gewerken,
aus den Gemerken,
aus allen Ecken,
auf allen Flecken
seh' ich zu Haufen
Meister nur laufen,
mit höhnendem Nicken
frech auf dich blicken,
in Kreisen und Ringeln

dich umzingeln,
näselnd und kreischend
zur Braut dich heischend,
als Meisterbuhle
auf dem Singestuhle,
zitternd und bebend,
hoch dich erhebend!
Und ich ertrüg' es, sollt' es nicht wagen,
gradaus tüchtig d'rein zu schlagen?
(Man hört den starken Ruf eines Nachtwächterhorns.)
Ha! ...

(Er hat mit emphatischer Gebärde die Hand an das Schwert gelegt und starrt wild vor sich hin.)

Eva *(faßt ihn besänftigend bei der Hand)*:
Geliebter, spare den Zorn!
'S war nur des Nachtwächters Horn.
Unter der Linde birg dich geschwinde;
hier kommt der Wächter vorbei.

Magdalene *(ruft leise unter der Tür)*:
Evchen! 's ist Zeit:
mach dich frei!

Walther: Du fliehst?

Eva *(lächelnd)*:
Muß ich denn nicht?

Walther: Entweichst?

Eva *(mit zarter Bestimmtheit)*:
Dem Meistergericht.

(Sie verschwindet mit Magdalene im Hause.)

Der Nachtwächter *(ist währenddem in der Gasse erschienen, kommt singend nach vorn, biegt um die Ecke von Pogners Haus und geht nach*

links ab):
Hört, ihr Leut', und laßt euch sagen,
die Glock' hat zehn geschlagen:
bewahrt das Feuer und auch das Licht,
damit niemand kein Schad' geschicht!
Lobet Gott den Herrn!

Sachs *(welcher hinter der Ladentür dem Gespräche gelauscht, öffnet jetzt, bei eingezogenem Lampenlicht, ein wenig mehr)*:
Üble Dinge, die ich da merk':
eine Entführung gar im Werk!
Aufgepaßt! Das darf nicht sein!

Walther *(hinter der Linde)*:
Käm' sie nicht wieder? o der Pein! –
(Eva kommt in Magdalenes Kleidung aus dem Hause; die Gestalt gewahrend.)
Doch ja, sie kommt dort! –
Weh mir, nein! Die Alte ist's! –
(Eva erblickt Walther und eilt auf ihn zu.)
Doch aber – ja!

Eva: Das tör'ge Kind:
da hast du's! Da!
(Sie wirft sich ihm heiter an die Brust.)

Walther *(hingerissen)*:
O Himmel! Ja, nun wohl ich weiß,
daß ich gewann den Meisterpreis!

Eva: Doch nun kein Besinnen! Von hinnen! Von hinnen!
o wären wir schon fort!

Walther: Hier durch die Gasse: dort
finden wir vor dem Tor Knecht und Rosse vor.

(Nachtwächterhorn entfernt. Als sich beide wenden, um in die Gasse einzubiegen, läßt Sachs, nachdem er die Lampe hinter eine Glaskugel

gestellt, durch die ganz wieder geöffnete Ladentür einen grellen Lichtschein quer über die Straße fallen, so daß Eva und Walther sich plötzlich hell beleuchtet sehen.)

Eva *(Walther hastig zurückziehend)*:
O weh, der Schuster!
Wenn er uns säh'!
Birg dich! Komm ihm nicht in die Näh'!

Walther: Welch and'rer Weg führt uns hinaus?

Eva: Dort durch die Straße:
doch der ist kraus,
ich kenn' ihn nicht gut;
auch stießen wir dort auf den Wächter.

Walther: Nun denn:
durch die Gasse!

Eva: Der Schuster muß erst vom Fenster fort.

Walther: Ich zwing' ihn, daß er's verlasse.

Eva: Zeig dich ihm nicht:

er kennt dich!

Walther: Der Schuster?

Eva: 's ist Sachs!

Walther: Hans Sachs? Mein Freund!

Eva: Glaub's nicht! Von dir Übles zu sagen nur wußt' er.

Walther: Wie, Sachs? Auch er? Ich lösch' ihm das Licht.

Sechste Szene

(Beckmesser ist, dem Nachtwächter nachschleichend, die Gasse heraufgekommen, hat nach den Fenstern von Pogners Haus gespäht

und, an Sachsens Haus gelehnt, stimmt er jetzt seine mitgebrachte Laute.)

Eva *(Walther zurückhaltend)*:
Tu's nicht! – Doch horch!

Walther: Einer Laute Klang.

(Als Sachs den ersten Ton der Laute vernommen, hat er, von einem plötzlichen Einfall erfaßt, das Licht wieder etwas eingezogen und öffnet leise den unteren Teil des Ladens.)

Eva: Ach, meine Not!

Walther: Wie, wird dir bang'?
Der Schuster, sieh, zog ein das Licht. So sei's gewagt!

Eva: Weh! Siehst du denn nicht? Ein and'rer kam und nahm dort Stand.

(Sachs hat unvermerkt seinen Werktisch ganz unter die Tür gestellt Jetzt erlauscht er Evas Ausruf)

Walther: Ich hör's und seh's:

ein Musikant. Was will der hier so spät des Nachts?

Eva *(in Verzweiflung)*:
's ist Beckmesser schon!

Sachs: Aha, ich dacht's! *(Er setzt sich leise zur Arbeit zurecht.)*

Walther: Der Merker? Er in meiner Gewalt?
Drauf zu! Den Lung'rer mach' ich kalt!

Eva: Um Gott! So hör! Willst den Vater wecken?
Er singt ein Lied, dann zieht er ab.
Laß dort uns im Gebüsch verstecken. –
Was mit den Männern ich Müh' doch hab!

(Sie zieht Walther hinter das Gebüsch auf die Bank unter der Linde.)

(Beckmesser, eifrig nach. dem Fenster lugend, klimpert voll Ungeduld heftig auf der Laute. Als er sich endlich auch zum Singen rüstet, schlägt Sachs sehr stark mit dem Hammer auf den Leisten, nachdem er soeben das Licht wieder hell auf die Straße hat fallen lassen.)

Sachs: Jerum! Jerum! Hallo hallo he!
O ho! Trallalei! Trallalei! O ho!

Beckmesser *(springt ärgerlich von dem Steinsitz auf und gewahrt Sachs bei der Arbeit)*:
Was soll das sein?
Verdammtes Schrein!

Sachs: Als Eva aus dem Paradies
von Gott dem Herrn verstoßen,
gar schuf ihr Schmerz der harte Kies
an ihrem Fuß, dem bloßen.

Beckmesser: Was fällt dem groben Schuster ein?

Sachs: Das jammerte den Herrn,

Walther *(flüsternd zu Eva)*:
Was heißt das Lied? Wie nennt er dich?

Sachs: ihr Füßchen hatt' er gern,

Eva *(flüsternd zu Walther)*:
Ich hört' es schon:
's geht nicht auf mich.

Sachs: und seinem Engel rief er zu:

Eva: Doch eine Bosheit steckt darin.

Sachs: "Da, mach der armen Sünd'rin Schuh'!
Und da der Adam, wie ich seh',
an Steinen dort sich stößt die Zeh',

daß recht fortan er wandeln kann,
so miß dem auch Stiefeln an!"

Walther: Welch Zögernis! Die Zeit geht hin!

Beckmesser *(tritt zu Sachs heran)*:
Wie, Meister? Auf? Noch so spät zur Nacht?

Sachs: Herr Stadtschreiber! Was, Ihr wacht?
Die Schuh' machen Euch große Sorgen?
Ihr seht, ich bin dran:
Ihr habt sie morgen. *(Er arbeitet.)*

Beckmesser *(zornig)*:
Hol' der Teufel die Schuh'! Hier will ich Ruh'!

Sachs: Jerum! Jerum!
Hallo hallo he!
Oho! Trallalei! Trallalei! O he!
O Eva, Eva! Schlimmes Weib,
das hast du am Gewissen,

Walther *(zu Eva)*:
Uns oder dem Merker? Wem spielt er den Streich?

Sachs: daß ob der Füß' am Menschenleib

Eva *(zu Walther)*:
Ich fürcht', uns dreien
gilt er gleich.

Sachs: jetzt Engel schustern müssen.

Eva: O weh der Pein.
Mir ahnt nichts Gutes!

Sachs: Blieb'st du im Paradies, da gab es keinen Kies.

Walther: Mein süßer Engel, sei guten Mutes!

Sachs: Um deiner jungen Missetat
hantier' ich jetzt mit Ahl' und Draht

Eva: Mich betrübt das Lied!

Walther: Ich hör' es kaum!
Du bist bei mir,
welch holder Traum!
(Er zieht sie zärtlich an sich.)

Sachs: und ob Herrn Adams übler Schwäch' versohl' ich Schuh' und streiche Pech.
Wär' ich nicht fein ein Engel rein, Teufel möchte Schuster sein!

(Beckmesser drohend auf Sachs zufahrend.)

Sachs: Je – *(Er unterbricht sich.)*

Beckmesser: Gleich höret auf!
Spielt Ihr mir Streich'?
Bleibt Ihr tags und nachts Euch gleich?

Sachs: Wenn ich hier sing', was kümmert's Euch?
Die Schuhe sollen doch fertig werden?

Beckmesser: So schließt Euch ein und schweigt dazu still!

Sachs: Des Nachts arbeiten macht Beschwerden;
wenn ich da munter bleiben will,
so brauch' ich Luft und frischen Gesang;
drum hört, wie der dritte Vers gelang!
(Er wichst den Draht ersichtlich.)

Beckmesser: Er macht mich rasend!

Sachs *(fortarbeitend)*:
Jerum! Jerum!
Hallo hallo he!

Beckmesser: Das grobe Geschrei!

Sachs: O ho! Trallalei! Trallalei! O he!

Beckmesser: Am End' denkt sie gar, daß ich das sei!

(Er hält sich die Ohren zu und geht verzweiflungsvoll, sich mit sich beratend, die Gasse vor dem Fenster auf und ab.)

Sachs: O Eva! Hör mein' Klageruf,
mein' Not und schwer Verdrüssen!
Die Kunstwerk', die ein Schuster schuf,
sie tritt die Welt mit Füßen!
Gäb' nicht ein Engel Trost,
der gleiches Werk erlost,
und rief' mich oft ins Paradies,
wie ich da Schuh' und Stiefel ließ'!
Doch wenn mich der im Himmel hält,
dann liegt zu Füßen mir die Welt,
und bin in Ruh'
Hans Sachs ein Schuh-
macher und Poet dazu.

Beckmesser: Das Fenster geht auf!

(Er späht nach dem Fenster, welches jetzt leise geöffnet wird und an welchem vorsichtig Magdalene in Evas Kleidung sich zeigt.)

Eva *(mit großer Aufgeregtheit)*:
Mich schmerzt das Lied, ich weiß nicht wie!
O fort, laß uns fliehen!

Walther *(auffahrend)*:
Nun denn:
mit dem Schwert!

Eva: Nicht doch! Ach, halt!

Beckmesser: Herrgott, 's ist sie!

Walther *(die Hand vom Schwert nehmend)*:
Kaum wär' er's wert!

Eva: Ja, besser Geduld!

Beckmesser *(der, während Sachs fortfährt zu arbeiten und zu singen, in großer Aufregung mit sich beraten hat)*:
Jetzt bin ich verloren, singt der noch fort!

Eva: O bester Mann,
daß ich so Not dir machen kann!

Beckmesser *(tritt zu Sachs an den Laden heran und klimpert, während des Folgenden mit dem Rücken der Gasse zugewandt, seitwärts auf der Laute, um Magdalene am Fenster festzuhalten)*:
Freund Sachs! So hört doch nur ein Wort!

Walther *(leise zu Eva)*:
Wer ist am Fenster?

Beckmesser: Wie seid Ihr auf die Schuh' versessen!

Eva: 's ist Magdalene.

Beckmesser: Ich hatt' sie wahrlich schon vergessen.

Walther: Das heiß' ich vergelten!

Beckmesser: Als Schuster seid Ihr mir wohl wert,

Walther: Fast muß ich lachen.

Beckmesser: als Kunstfreund doch weit mehr verehrt.

Eva: Wie ich ein End' und Flucht mir ersehne!

Walther: Ich wünscht', er möchte den Anfang machen.

(Walther und Eva, auf der Bank sanft aneinandergelehnt, erfolgen des weiteren Sachs und Beckmesser mit wachsender Teilnahme.)

Beckmesser: Eu'r Urteil, glaubt, das halt' ich hoch;
drum bitt' ich:
hört das Liedlein doch,
mit dem ich morgen möcht' gewinnen,

ob das auch recht nach Euren Sinnen.
(Er klimpert wiederholt seitwärts nach dem Fenster gewandt.)

Sachs: Oha! Wollt mich beim Wahne fassen?
Mag mich nicht wieder schelten lassen.
„Seit sich der Schuster dünkt Poet,
gar übel es um Eu'r Schuhwerk steht."
Ich seh', wie's schlappt und überall klappt:
drum laß ich Vers und Reim'
gar billig nun daheim,
Verstand und Witz und Kenntnis dazu,
mach' Euch für morgen die neuen Schuh'.

Beckmesser *(kreischend)*:
Laßt das doch sein! Das war ja nur Scherz.
Vernehmt besser, wie's mir ums Herz!
Vom Volk seid Ihr geehrt,
auch der Pognerin seid Ihr wert.
Will ich vor aller Welt
nun morgen um die werben,
sagt, könnt's mich nicht verderben,
wenn mein Lied ihr nicht gefällt?
Drum hört mich ruhig an;
und sang ich, sagt mir dann,
was Euch gefällt, was nicht,
daß ich mich danach richt'. *(Er klimpert wieder.)*

Sachs: Ei, laßt mich doch in Ruh'!
Wie käme solche Ehr' mir zu?
Nur Gassenhauer dicht' ich zum meisten,
drum sing' ich zur Gassen und han' auf den Leisten.
Jerum! Jerum!
Hallo hallo he!

Beckmesser: Verfluchter Kerl! Den Verstand verlier' ich
mit seinem Lied voll Pech und Schmierich! –

Sachs: O ho! Trallalei! Trallalei! O he!

Beckmesser: Schweigt doch! Weckt Ihr die Nachbarn auf?

Sachs: Die sind's gewohnt:
'ṡ hört keiner drauf. –
„O Eva, Eva!" –

Beckmesser *(in höchste Wut ausbrechend)*:
O Ihr boshafter Geselle!
Ihr spielt mir heut' den letzten Streich!
Schweigt Ihr jetzt nicht auf der Stelle,
so denkt Ihr dran, das schwör' ich Euch. (Er klimpert wütend.)
Neidisch seid Ihr, nichts weiter,
dünkt Ihr Euch auch gleich gescheiter.
Daß andre auch was sind, ärgert Euch schändlich!
Glaubt, ich kenne Euch aus- und inwendlich!
Daß man Euch noch nicht zum Merker gewählt,
das ist's, was den gallichten Schuster quält.
Nun gut! Solang' als Beckmesser lebt
und ihm noch ein Reim an den Lippen klebt,
solang' ich noch bei den Meistern was gelt',
ob Nürnberg „blüh' und wachs'„,
das schwör' ich Herrn Hans Sachs:
nie wird er je zum Merker bestellt!
(Er klimpert in höchster Wut.)

Sachs *(der ihm ruhig und aufmerksam zugehört hat)*:
War das Eu'r Lied?

Beckmesser: Der Teufel hol's!

Sachs: Zwar wenig Regel:
doch klang's recht stolz!

Beckmesser: Wollt Ihr mich hören?

Sachs: In Gottes Namen
singt zu:
ich schlag' auf die Sohl' die Rahmen.

Beckmesser: Doch schweigt Ihr still?

Sachs: Ei, singet Ihr,
die Arbeit, schaut, fördert's auch mir.

Beckmesser: Das verfluchte Klopfen wollt Ihr doch lassen?

Sachs: Wie sollt' ich die Sohl' Euch richtig fassen?

Beckmesser: Was? Ihr wollt klopfen, und ich soll singen?

Sachs: Euch muß das Lied, mir der Schuh gelingen.

Beckmesser: Ich mag keine Schuh'!

Sachs: Das sagt Ihr jetzt;
in der Singschul' Ihr mir's dann wieder versetzt.
Doch hört! Vielleicht sich's richten läßt:
zwei-einig geht der Mensch am best.
Darf ich die Arbeit nicht entfernen,
die Kunst des Merkers möcht' ich erlernen.
Darin kommt Euch nun keiner gleich;
ich lern' sie nie, wenn nicht von Euch.
Drum singt Ihr nun, ich acht' und merk'
und fördr' auch wohl dabei mein Werk.

Beckmesser: Merkt immer zu; und was nicht gewann,
nehmt Eure Kreide und streicht mir's an.

Sachs: Nein, Herr! Da fleckten die Schuh' mir nicht,
mit dem Hammer auf den Leisten halt' ich Gericht.

Beckmesser: Verdammte Bosheit! – Gott, und 's wird spät:
am End' mir die Jungfer vom Fenster geht!
(Er klimpert eifrig.)

Sachs *(aufschlagend)*:
Fanget an! ‘s pressiert! Sonst sing' ich für mich!

Beckmesser: Haltet ein! Nur das nicht! – Teufel, wie ärgerlich! –
Wollt Ihr Euch denn als Merker erdreisten,
nun gut, so merkt mit dem Hammer auf den Leisten;
nur mit dem Beding, nach den Regeln scharf,
aber nichts, was nach den Regeln ich darf.

Sachs: Nach den Regeln, wie sie der Schuster kennt,
dem die Arbeit unter den Händen brennt.

Beckmesser: Auf Meisterehr'?

Sachs: Und Schustermut!

Beckmesser: Nicht einen Fehler:
glatt und gut!

(Nachtwächterhorn sehr entfernt)

Sachs: Dann gingt Ihr morgen unbeschuht.

Walther *(leise zu Eva)*:
Welch toller Spuk!
Mich dünkt's ein Traum.

Sachs *(auf den Steinsitz vor der Ladentür deutend)*:
Setzt Euch denn hier!

Beckmesser *(zieht sich nach der Ecke des Hauses zurück)*:
Laßt hier mich stehen!

Walther: den Singstuhl, scheint's, verließ ich kaum!

Sachs: Warum so weit?

Beckmesser: Euch nicht zu seh'n,
wie's Brauch der Schul' vor dem Gemerk'.

Eva *(sanft an Walthers Brust gelehnt)*:
Die Schläf' umwebt mir's wie ein Wahn:
ob's Heil, ob Unheil, was ich ahn'?

Sachs: Da hör' ich Euch schlecht.

Beckmesser: Der Stimme Stärk'
ich so gar lieblich dämpfen kann.

(Er stellt sich ganz um die Ecke, dem Fenster gegenüber, auf)

Sachs: Wie fein! Nun gut denn! – Fanget an!

(Beckmesser stimmt die in der Wut unversehens heraufgeschraubte D-Saite wieder herunter. Sachs holt mit dem Hammer aus.)

Beckmesser *(zur Laute)*:
„Den Tag seh' ich erscheinen,
der mir wohlgefall'n tut.....
(Sachs schlägt auf Beckmesser schüttelt sich.)
„Da faßt mein Herz sich einen
(Sachs schlägt auf Beckmesser setzt heftig ab, singt aber weiter.)
guten und frischen –
(Sachs hat aufgeschlagen, Beckmesser wendet sich wütend um die Ecke herum.)
Treibt Ihr hier Scherz? Was wär' nicht gelungen?

Sachs: Besser gesungen:
„Da faßt mein Herz sich einen guten,frischen –"

Beckmesser: Wie sollt' sich das reimen
auf „Seh ich erscheinen"?

Sachs: Ist Euch an der Weise nichts gelegen?
Mich dünkt, sollt' passen Ton und Wort.

Beckmesser: Mit Euch zu streiten?
Laßt von den Schlägen,
sonst denkt Ihr mir dran!

Sachs: Jetzt fahret fort!

Beckmesser: Bin ganz verwirrt!

Sachs: So fangt noch mal an:
drei Schläg' ich jetzt pausieren kann.

Beckmesser *(für sich)*:
Am besten, wenn ich ihn gar nicht beacht'.
Wenn's nur die Jungfer nicht irre macht!
Den Tag seh' ich erscheinen,
der mir wohl gefall'n tut;
da faßt mein Herz sich einen
guten und frischen Mut.
Da denk' ich nicht an Sterben, *(Sachs schlägt.)*
lieber an Werben
um jung' Mägdeleins Hand. *(Sachs schlägt.)*
Warum wohl aller Tage
schönster mag dieser sein? *(Schlag. Ärgerlich.)*
Allen hier ich es sage: *(Schlag)*
weil ein schönes Fräulein *(zwei Schläge)*
von ihrem lieb'n Herrn Vater,
(Sachs schlägt und nickt ironisch beifällig.)
wie gelobt hat er, *(viele kleine Schläge)*
ist bestimmt zum Eh'stand.
(Fünf Schläge. Sehr ärgerlich.)
Wer sich getrau', *(Schlag)*
der komm' und schau',
da steh'n die hold lieblich' Jungfrau, *(drei Schläge)*
auf die ich all mein' Hoffnung bau': *(Schlag)*
darum ist der Tag so schön blau, *(viele Schläge)*
als ich anfänglich fand.“

(Er bricht wütend um die Ecke auf Sachs los.)

Beckmesser: Sachs! Seht, Ihr bringt mich um!
Wollt Ihr jetzt schweigen?

Sachs: Ich bin ja stumm!
Die Zeichen merkt' ich; wir sprechen dann:
derweil lassen die Sohlen sich an.

Beckmesser *(gewahrt, daß Magdalene sich vom Fenster entfernen will)*:
Sie entweicht? Pst, pst! – Herrgott! Ich muß!
(Um die Ecke herum die Faust gegen Sachs ballend.)
Sachs, Euch gedenk' ich die Ärgernuß!
(Er macht sich zum zweiten Vers fertig.)

Sachs *(mit dem Hammer nach dem Leisten ausholend)*:
Merker am Ort! – Fahret fort!

Beckmesser *(immer stärker und atemloser)*:
„Will heut' mir das Herz hüpfen, (Schlag)
werben um Fräulein jung, *(drei Schläge)*
doch tät' der Vater knüpfen *(Schlag)*
daran ein' Bedingung *(drei Schläge)*
für den, wer ihn beerben
will und auch werben *(zwei Schläge)*
um sein Kindelein fein. *(Viele Schläge.)*
Der Zunft ein bied'rer Meister
wohl sein' Tochter er liebt, *(drei Schläge)*
doch zugleich auch beweist er, *(zwei Schläge)*
was er auf die Kunst gibt:
(ununterbrochene Schläge)
zum Preise muß es bringen
im Meistersingen,
wer sein Eidam will sein.
(Er stampft wütend mit den Füßen.)
Nun gilt es Kunst, daß mit Vergunst,
ohn' all schädlich gemeinen Dunst,
(fortwährende Schläge)
ihm glücke des Preises Gewunst,
war begehrt mit wahrer Inbrunst,

(Sachs, welcher kopfschüttelnd es aufgibt, die einzelnen Fehler anzumerken, arbeitet hämmernd fort, um den Keil aus dem Leisten zu schlagen.)

um die Jungfrau zu frei'n."

Sachs *(über den Laden weit herausgelehnt)*:
Seid Ihr nun fertig?

Beckmesser *(in höchster Angst)*:
Wie fraget Ihr?

Sachs *(hält die fertigen Schuhe triumphierend heraus)*:
Mit den Schuhen ward ich fertig schier!
(Während er die Schuhe an den Bändern hoch in der Luft tanzen läßt.)
Das heiß' ich mir echte Merkerschuh'!
Mein Merkersprüchlein hört dazu! *(Sehr kräftig.)*

Beckmesser *(der sich ganz in die Gasse zurückgezogen hat und an die Mauer mit dem Rücken sich anlehnt, singt, um Sachs zu übertäuben, mit größter Anstrengung, schreiend und atemlos hastig, während er die Laute wütend nach Sachs zu schwingt)*:
„Darf ich mich Meister nennen,
das bewähr ich heut' gern,
weil ich nach dem Preis brennen
muß, dursten und hungern.

Sachs: Mit lang' und kurzen Hieben
steht's auf der Sohl' geschrieben:

David *(hat den Fensterladen, dicht hinter Beckmesser, ein wenig geöffnet und lugt daraus hervor)*:
Wer, Teufel, hier? *(Er wird Magdalene gewahr.)*
Und drüben gar?

Beckmesser: Nun ruf ich die neun Musen,
daß an sie blusen
mein dicht'rischen Verstand.

Sachs: da lest es klar und nehmt es wahr
und merkt's Euch immerdar:

David: Die Lene ist's – ich seh' es klar!

(Nachbarn öffnen in der Gasse die Fenster und gucken heraus.)

Kothner: Wer heult denn da?

Beckmesser: Wohl kenn' ich alle Regeln,
halte gut Maß und Zahl;
doch Sprung und Überkegeln
wohl passiert je einmal,
wann der Kopf, ganz voll Zagen,
zu frei'n will wagen
um jung' Mägdeleins Hand. *(Er verschnauft sich.)*

Sachs: Gut Lied will Takt, wer den verzwackt,
dem Schreiber mit der Feder
haut ihn der Schuster aufs Leder.

David: Herrje! Der war's, den hat sie bestellt;
der ist's, der ihr besser als ich gefällt!

Nachtigall Wer kreischt mit Macht?

Vogelgesang: Ist das erlaubt so spät zur Nacht?

Kothner, Foltz, Vogelgesang, Zorn: Gebt Ruhe hier!

Ortel, Vogelgesang, Zorn, Nachtigall, Kothner: ‘s ist Schlafenszeit.

David: Nun warte! Du kriegst's! Dir streich' ich das Fell! (Er entfernt sich nach innen.)

Beckmesser: Ein Junggesell, trug ich mein Fell,
mein Ehr', Amt, Würd' und Brot zur Stell',

Sachs: Nun lauft in Ruh', habt gute Schuh';
der Fuß Euch drin nicht knackt;

Ortel: Ist das erlaubt so spät zur Nacht?

Vogelgesang, Foltz, Kothner, Zorn: Mein, hört nur, wie der Esel schreit!

(David ist, mit einem Knüppel bewaffnet, zurückgekommen. Magdalene winkt, da sie David wiederkommen sieht, diesem heftig zurück, was Beckmesser, als ein Zeichen des Mißfallens deutend, zur äußersten Verzweiflung im Gesangsausdruck bringt.)

Beckmesser: daß Euch mein Gesang wohlgefäll'
und mich das Jungfräulein erwähl',
wenn sie mein Lied gut fand."

Sachs: ihn hält die Sohl' im Takt!

Vogelgesang, Zorn: Ihr da, seid still!

Vogelgesang, Ortel, Nachtigall, Foltz: Heult, kreischt und schreit an andrem Ort!

Kothner: Seid still und schert euch fort!

(David steigt aus dem Fenster und wirft sich auf Beckmesser.)

David: Zum Teufel mit dir, verdammter Kerl.

(Beckmesser wehrt sich, will fliehen; David hält ihn am Kragen.)

Siebente Szene

Magdalene *(am Fenster, schreiend)*:
Ach, Himmel! David! Gott, welche Not!
Zu Hilfe! Zu Hilfe! Sie schlagen sich tot!

(Sachs beobachtet noch eine Zeitlang den wachsenden Tumult, löscht aber alsbald sein Licht aus und schließt den Laden so weit, daß er, ungesehen, stets durch eine kleine Öffnung den Platz unter der Linde beobachten kann. –

Walther und Eva sehen mit wachsender Sorge dem anschwellenden Auflauf zu; er schließt sie in seinen Mantel fest an sich und birgt sich hart an der Linde im Gebüsch, so daß beide fast ungesehen bleiben.

Die Nachbarn verlassen die Fenster und kommen nach und nach in Nachtkleidern einzeln auf die Straße herab.)

Beckmesser: Verfluchter Bursch! Läßt du mich los?

David: Gewiß! Die Glieder brech' ich dir bloß!

(Sie balgen sich fortwährend; bald verschwinden sie gänzlich, bald kommen sie wieder in den Vordergrund, immer Beckmesser auf der Flucht, David ihn einholend, festhaltend und prügelnd.)

Nachtigall, Kothner, Ortel, Foltz: Seht nach! Springt zu! Da würgen sich zwei!

(Lehrbuben einzeln, dann mehr, kommen von allen Seiten dazu.)

Ortel: Seht nach, ‘s gibt Schlägerei!

(Sie kommen herab.)

Einzelne Lehrbuben: Herbei, herbei!
‘s gibt Keilerei!

Vogelgesang, Zorn, Moser, Eißlinger, Kothner, Ortel, Nachtigall, Foltz *(auf die Gasse heraustretend)*:
Heda!
Herbei! ‘s gibt Schlägerei!
Ihr da! Laßt los! Gebt freien Lauf!
Laßt Ihr nicht los, wir schlagen drauf!

Magdalene: Ach, Himmel, welche Not!
Zu Hilfe, David! Sie schlagen sich tot!

David, bist du toll?

(Gesellen – mit Knitteln bewaffnet – kommen von allen Seiten dazu.)

Einige Lehrbuben: ‘s sind die Schuster!

Andere: Nein, ‘s sind die Schneider!

Die Ersteren: Die Trunkenbolde!

Die anderen: Die Hungerleider!

Moser, Eißlinger: Gleich auseinander da, Ihr Leut'!

Gesellen: Heda! Gesellen ran!
Dort wird mit Streit und Zank getan.
Da gibt's gewiß gleich Schlägerei;
Gesellen, haltet Euch dabei!

Die Nachbarinnen *(haben die Fenster geöffnet und gucken heraus)*:
Was ist denn da für Zanken und Streit?
Da gibt's gewiß noch Schlägerei!

Lehrbuben: Kennt man die Schlosser nicht?
Die haben's sicher angericht'! –
Ich glaub', die Schmiede werden's sein. –
Nein, sind die Schlosser dort, ich wett'!
Ich kenn' die Schreiner dort!
Gewiß die Metzger sind's!
Hei! Schau die Schäffler dort beim Tanz. –
Dort seh' die Bader ich im Glanz. –
Herbei, herbei! Jetzt geht's zum Tanz!

Zorn: Ei seht! Auch Ihr hier?

Vogelgesang: Was sucht Ihr hier?

Zorn: Geht's Euch was an?

Vogelgesang: Hat man Euch was getan?

Zorn: Euch kennt man gut!

Vogelgesang: Euch noch viel besser!

Zorn: Wieso denn?

Vogelgesang: Ei, so! *(Er schlägt zu.)*

Zorn: Esel! *(Er schlägt wieder.)*

Vogelgesang: Dummrian!

Die Nachbarinnen: Wär' nur der Vater nicht dabei!
Da ist mein Mann gewiß dabei!
Ach welche Not. Nein, seht nur dort/hier!
Der Zank und Lärm. Der Lärm und Streit!
'ʻs wird einem wahrlich angst und bang!

Meister *(und ältere Bürger, von verschiedenen Seiten dazukommend)*:
Was gibt's denn da für Zank und Streit?
Das tost ja weit und breit!

Gesellen: ʻs sind die Weber! ʻs sind die Gerber!
Die Preisverderber!
Dacht' ich mir's doch gleich!
Spielen immer Streich'! –
Wischt's ihnen aus. Gebt's denen scharf.
Immer mehr, die Keilerei wird groß!
Dort den Metzger Klaus kenn' ich heraus! –

Die Nachbarn *(darunter zunächst Kothner, Nachtigall, Moser, Eißlinger, dann Ortel, Foltz, zuletzt Vogelgesang,Zorn und Schwarz)*:
Euch gönnt' ich's schon lange! –
Wird Euch wohl bange?
Das für die Klage! –
Seht Euch vor, wenn ich schlage!
Hat Euch die Frau gehetzt? –
Schaut, wie es Prügel setzt! –
Lümmel! – Grobian!
Seid Ihr noch nicht gewitzt? –
Nun, schlagt doch! – Das sitzt! –
Daß dich Halunken gleich ein Donnerwetter träf'! –

Magdalene *(mit größter Anstrengung)*:
Hör doch nur, David!
So laß doch nur den Herrn dort los!
Er hat mir nichts getan.
So hör mich doch nur an!

Die Nachbarinnen: Heda! Ihr dort unten,
so seid doch nur gescheit!
Ei, hört, was will die Alte da!
Seid Ihr denn alle gleich
zu Streit und Zank bereit?

Lehrbuben: Krämer finden sich zur Hand
mit Gerstenstang' und Zuckerkand;
mit Pfeffer, Zimt, Muskatnuß,
sie riechen schön,
doch machen viel Verdruß.
Sie riechen schön
und bleiben gern vom Schuß. –

Gesellen: ‘s ist morgen der fünfte!
‘s brennt manchem da im Haus!
Zünfte heraus! Hie setzt's Prügel!
Schneider mit dem Bügel!

Meister: Gebt Ruh' und scher' sich jeder gleich nach Hause heim,
sonst schlag' ein Hageldonnerwetter drein!

Die Nachbarinnen: Mein! Dort schlägt sich mein Mann!
Ach Gott, säh ich nur meinen Hans!
Säh die Not ich wohl an?
Seid Ihr denn alle blind und toll?
Sind Euch vom Wein die Köpfe voll?

Die Nachbarn: Wartet, ihr Racker! – Maßabzwacker! –
Packt Euch jetzt heim, sonst kriegt Ihr's von der Frau! –

Lehrbuben: Seht nur, der Has' hat überall die Nas'! –
Meinst du damit etwa mich?
Mein' ich etwa dich? Immer mehr, heran!
Lustig! Wacker! Jetzt geht's erst recht an.

Magdalene *(hinabspähend)*:
Herrgott, er hält ihn noch!

Die Nachbarinnen: Der Vater! Ach, sie hau'n ihn tot!
Hört keines mehr sein Wort? Gott, welche Höllennot!
Seht dort den Christian, er walkt den Peter ab!
Gott, wie sie walken!
Mein! Dort den Michel seht,
der haut dem Steffen eins!
Jesus, sie schlagen meinen Jungen tot.
Der Hans hat einen Hieb am Kopf.
PeterI Hans! Ei, so höre doch!
Gott, steh uns bei, geht das so weiter fort.
Hei, mein Mann schlägt wacker auf sie drein.

Lehrbuben: Nur immer mehr heran zu uns!
Hei, nun geht's! Plautz, hast du nicht gesehn?
Hast's auf der Schnauz'! –
Ha! nun geht's:
Krach! Hagelwetterschlag! Pardautz!

Die Nachbarinnen: Wollt Ihr noch mehr?
Was geht's Euch an, wenn ich nun grad hier bleiben will?
Schickt die Gesellen heim! –
So gut wie Ihr bin Meister ich! – Dummer Kerl! –
Schert Euch heim! – Macht Euch fort! –
Schert doch Ihr Euch selber fort.

Gesellen: Zünfte heraus, nur tüchtig drauf und dran,
wir schlagen los!
Ihr da, macht! Packt Euch fort.
Wir sind hier grad' am Ort.
Wolltet Ihr etwa den Weg uns hier verwehren?
Macht Platz, wir schlagen drein!
Gürtler! Spengler! Zinngießer!
Leimsieder! Lichtgießer!
Schert Euch selber fort und macht Euch heim!

Magdalene: Mein, David, ist er toll?

Nachbarinnen: Die Köpf und Zöpfe wackeln hin und her!
Franz, sei doch nur gescheit.
Ach, wie soll das enden?
Welches Toben! Welches Krachen!

Lehrbuben: Wo es sitzt, da wächst nichts so bald nach!
Wo es sitzt, da fleckt's, da wächst kein Gras so bald
nicht wieder nach –
Der hat's gekriegt.
Bald setzt es blut'ge Köpf', Arm und Bein.

Die Nachbarn: Haltet's Maul! – Wir weichen nicht! –
Tuchscherer! Leinweber! Keiner weiche!
Schlagt sie nieder! – Immer ran! –
Wacker zu! – Immer drauf! –
Stemmt Euch hier nicht mehr zuhauf!
oder sonst, wir schlagen drein!

Gesellen: Nicht gewichen! Schlagt sie nieder!
Keiner weiche!
Tuchscherer! Leinweber!
Immer ran wer's wagt! Immer drauf!
Schlagt's ihn hin!

Magdalene *(mit größter Anstrengung)*:
Ach, David hör' ‘s ist Herr Beckmesser!

Die Nachbarinnen: Auf, schaffet Wasser her! Wasser her,
Wasser ist das allerbest' für ihre Wut
Schafft's nur her!
die Köpf hinab!
Auf, schreit um Hilfe. Mord und Zeter!
Schreit laut!

Lehrbuben: Dort der Pfister, denkt daran.
Hei, der hat's. Der hat genug.
Scher sich jeder heim, wer nicht mit keilt!

Tüchtig gekeilt, immer lustig! Heissa!
Keiner weiche!
Keilt euch wacker,
haltet selbst Gesellen mutig stand.
Wer wich', 's wär' wahrlich eine Schand'!

Pogner *(ist im Nachtgewand oben an das Fenster getreten)*:
Um Gott! Eva, schließ zu!
Ich seh', ob unt' im Hause Ruh'!

(Er zieht Magdalene, welche jammernd die Hände nach der Gasse hin ab gerungen, herein und schließt das Fenster.)

Lehrbuben: Hei juchhe!
Wacker drauf und dran! Wie ein Mann
steh'n wir alle fest zur Keilerei!

Die Meister und Nachbarn: Gebt Ruh und scher sich jeder heim!
Sonst schlagen wir Meister selbst noch drein!

Gesellen: Immer drauf und dran!
Jetzt gilt's, keiner weiche hier!
Zünfte! Zünfte! Heraus!

(Walther faßt Eva dicht in den linken Arm und zieht mit der rechten Hand das Schwert.)

Die Nachbarinnen: Immer toller, wie sie lärmen, toben, schlagen!
Hier hilft einzig Wasser noch.
Hier an die Fenster her, bringt Wasser nur,
sonst schlagen sie sich tot!
Krug und Kanne, Topf und Hafen!
Alles voll, und gießt's ihnen auf den Kopf!

Walther: Jetzt gilt's zu wagen, sich durchzuschlagen!

*(Er dringt mit geschwungenem Schwerte bis in die Mitte der Bühne vor, um sich mit Eva durchzuhauen. Da springt Sachs mit einem

kräftigen Satze aus dem Laden, bahnt sich mit geschwungenem Knieriemen den Weg zu Walther und packt diesen beim Arm.

Im gleichen Augenblicke hört man, rechts zur Seite im Vordergrunde, einen besonders starken Hornruf des Nachtwächters. Gleichzeitig haben die Frauen aus allen Fenstern starke Güsse von Wasser aus Kannen, Krügen und Becken auf die Streitenden hinabstürzen lassen; dieses, mit den besonders starken Tönen des Hornes zugleich, wirkt auf alle mit einem panischen Schrecken. Nachbarn, Lehrbuben, Gesellen und Meister suchen in eiliger Flucht nach allen Seiten hin das Weite, so daß die Bühne bald gänzlich leer wird. Die Haustüren werden hastig geschlossen, und auch die Nachbarinnen verschwinden von den Fenstern, welche sie zuschlagen.)

Pogner *(auf der Treppe)*:
He, Lene! Wo bist du?

Sachs *(die halb ohnmächtige Eva die Treppe hinaufstoßend)*:
Ins Haus, Jungfer Lene!

(Pogner empfängt Eva und zieht sie am Arm in das Haus. Sachs, mit dem Knieriemen David eins überhauend und mit einem Fußtritt ihn voran in den Laden stoßend, zieht Walther, den er mit der andern Hand fest gefaßt hält, gewaltsam schnell ebenfalls mit sich hinein und schließt sogleich fest hinter sich zu. Beckmesser, durch Sachs von David befreit, sucht sich, jämmerlich zerschlagen, eilig durch die Menge zu flüchten.

Als die Straße und Gasse leer geworden und alle Häuser geschlossen sind, betritt der Nachtwächter im Vordergrunde rechts die Bühne, reibt sich die Augen, sieht sich verwundert um, schüttelt den Kopf und stimmt mit leiser bebender Stimme den Ruf an):

Nachtwächter: Hört, ihr Leut', und laßt euch sagen:
die Glock' hat eilfe geschlagen.
Bewahrt euch vor Gespenstern und Spuk,

daß kein böser Geist eur' Seel' beruck'!
Lobet Gott den Herrn.

(Hornruf.)

(Der Vollmond tritt hervor und scheint hell in die Gasse hinein. Der Nachtwächter schreitet langsam dieselbe hinab. Als er um die Ecke biegt, fällt der Vorhang schnell mit dem letzten Takt)

Dritter Aufzug

Erste Szene

(In Sachs Werkstatt. Kurzer Raum. Im Hintergrund die halb geöffnete Ladentür, nach der Straße führend. Rechts zur Seite eine Kammertür. Links das nach der Gasse gehende Fenster, mit Blumenstökken davor, zur Seite ein Werktisch. Sachs sitzt auf einem großen Lehnstuhle an diesem Fenster, durch welches die Morgensonne hell auf ihn hereinscheint:

Er hat vor sich auf dem Schoße einen großen Folianten und ist im Lesen vertieft.

David zeigt sich, von der Straße kommend, unter der Ladentür, er lugt herein, und da er Sachs gewahrt, fährt er zurück. Er versichert sich aber, daß Sachs ihn nicht bemerkt, schlüpft herein, stellt seinen mitgebrachten Korb auf den hinteren Werktisch beim Laden und untersucht seinen Inhalt:

Er holt Blumen und Bänder und kramt sie auf dem Tische aus, endlich findet er auf dem Grunde eine Wurst und einen Kuchen und läßt sich sogleich an, diese zu verzehren, als Sachs, der ihn fortwährend nicht beachtet, mit starkem Geräusch eines der großen Blätter des Folianten umwendet.)

David *(fährt zusammen, verbirgt das Essen und wendet sich zurück)*:
Gleich, Meister! Hier!

Die Schuh' sind abgegeben
in Herrn Beckmessers Quartier.
Mir war's, als rieft Ihr mich eben? *(Beiseite.)*
Er tut, als säh' er mich nicht?
Da ist er bös', wenn er nicht spricht! –
(Er nähert sich sehr demütig langsam Sachs.)
Ach, Meister, wollt mir verzeih'n!
Kann ein Lehrbub' vollkommen sein?
Kenntet Ihr die Lene wie ich,
dann vergäbt Ihr mir sicherlich.
Sie ist so gut, so sanft für mich
und blickt mich oft an so innerlich.
Wenn Ihr mich schlagt, streichelt sie mich
und lächelt dabei holdseliglich.
Muß ich karieren, füttert sie mich
und ist in allem gar liebelich.
Nur gestern, weil der Junker versungen,
hab ich den Korb ihr nicht abgerungen.
Das schmerzte mich; und da ich fand,
daß nachts einer vor dem Fenster stand
und sang zu ihr und schrie wie toll,
da hieb ich ihm den Buckel voll.
Wie käm' nun da was Großes drauf an?
Auch hat's uns'rer Liebe gar wohl getan.
Die Lene hat mir eben alles erklärt
und zum Fest Blumen und Bänder beschert.
(Er bricht in größere Angst aus.)
Ach, Meister, sprecht doch nur ein Wort!
(Beiseite.) Hätt' ich nur die Wurst und den Kuchen erst fort!

Sachs *(hat unbeirrt immer weitergelesen. Jetzt schlägt er den Folianten zu. Von dem Geräusch erschrickt David so, daß er strauchelt und unwillkürlich vor Sachs auf die Knie fällt. Sachs sieht über das Buch, das er noch auf dem Schoße behält, hinweg, über David, welcher immer auf den*

Knien furchtsam nach ihm aufblickt, hin und heftet seinen Blick unwillkürlich auf den hinteren Werktisch).
(Sehr leise):
Blumen und Bänder seh' ich dort!
Schaut hold und jugendlich aus!
Wie kamen mir die ins Haus?

David *(verwundert über Sachs' Freundlichkeit)*:
Ei, Meister! 's ist heut festlicher Tag;
da putzt sich jeder, so schön er mag.

Sachs *(immer leise, wie für sich)*:
Wär' heut Hochzeitsfest?

David: Ja, käm's erst so weit, daß David die Lene freit!

Sachs *(immer wie zuvor)*:
's war Polterabend, dünkt mich doch?

David *(für sich)*:
Polterabend? – Da krieg' ich's wohl noch?
(Laut.) Verzeiht das, Meister! Ich bitt', vergeßt!
Wir feiern ja heut' Johannisfest.

Sachs: Johannisfest?

David *(beiseite)*:
Hört er heut' schwer?

Sachs: Kannst du dein Sprüchlein? Sag es her!

David *(ist allmählich zu stehen gekommen)*:
Mein Sprüchlein? Denk', ich kann es gut. (Beiseite.)
's setzt nichts! Der Meister ist wohlgemut! –
(Stark und grob.)
„Am Jordan Sankt Johannes stand" –

Sachs: Wa – was?

David *(lächelnd)*:
Verzeiht, das Gewirr! Mich machte der Polterabend irr.
(Er sammelt sich und stellt sich gehörig auf)
„Am Jordan Sankt Johannes stand,
all' Volk der Welt zu taufen;
kam auch ein Weib aus fernem Land,
von Nürnberg gar gelaufen;
sein Söhnlein trug's zum Uferrand,
empfing da Tauf' und Namen;
doch als sie dann sich heimgewandt,
nach Nürnberg wieder kamen,
in deutschem Land gar bald sich fand's,
daß wer am Ufer des Jordans
Johannes war genannt,
an der Pegnitz hieß der Hans." *(Sich besinnend.)*
Hans? Hans!
Herr! Meister! *(Feurig.)* 's ist heut Eu'r Namenstag!
Nein! Wie man so was vergessen mag!
Hier! Hier, die Blumen sind für Euch,
die Bänder – und was nur alles noch gleich?
Ja, hier schaut! Meister, herrlicher Kuchen!
Möchtet Ihr nicht auch die Wurst versuchen?

Sachs *(immer ruhig, ohne seine Stellung zu verändern)*:
Schön Dank, mein Jung', behalt's für dich!
Doch heut auf die Wiese begleitest du mich.
Mit Blumen und Bändern putz' dich fein;
sollst mein stattlicher Herold sein.

David: Sollt' ich nicht lieber Brautführer sein?
Meister, ach Meister! Ihr müßt wieder frein!

Sachs: Hätt'st wohl gern eine Meist'rin im Haus?

David: Ich mein', es säh' doch viel stattlicher aus.

Sachs: Wer weiß! Kommt Zeit, kommt Rat.

David: ‘s ist Zeit!

Sachs: Dann wär' der Rat wohl auch nicht weit?

David: Gewiß! Gehn schon Reden hin und wieder,
den Beckmesser, denk' ich, sängt Ihr doch nieder?
Ich mein', daß der heut' sich nicht wichtig macht.

Sachs: Wohl möglich! Hab mir's auch schon bedacht. –
Jetzt geh' und stör' mir den Junker nicht!
Komm wieder, wenn du schön gericht't.

David *(küßt Sachs gerührt die Hand)*:
So war er noch nie, wenn sonst auch gut!
Kann mir gar nicht mehr denken, wie der Knieriemen tut!

(Er packt alles zusammen und geht in die Kammer ab.)

Sachs *(immer noch den Folianten auf dem Schoße, lehnt sich, mit untergestütztem Arme, sinnend darauf; es scheint, daß ihn das Gespräch mit David gar nicht aus seinem Nachdenken gestört hat)*:
Wahn! Wahn! Überall Wahn!
Wohin ich forschend blick'
in Stadt- und Weltchronik,
den Grund mir aufzufinden,
warum gar bis aufs Blut
die Leut' sich quälen und schinden
in unnütz toller Wut!
Hat keiner Lohn noch Dank davon:
in Flucht geschlagen, wähnt er zu jagen.
Hört nicht sein eigen Schmerzgekreisch,
wenn er sich wühlt ins eig'ne Fleisch,
wähnt Lust sich zu erzeigen.
Wer gibt den Namen an?
‘s ist halt der alte Wahn,
ohn' den nichts mag geschehen,
‘s mag gehen oder stehen!

Steht's wo im Lauf,
er schläft nur neue Kraft sich an;
gleich wacht er auf,
dann schaut, wer ihn bemeistern kann!
Wie friedsam treuer Sitten
getrost in Tat und Werk,
liegt nicht in Deutschlands Mitten
mein liebes Nürenberg!
(Er blickt mit freudiger Begeisterung ruhig vor sich hin.)
Doch eines Abends spat,
ein Unglück zu verhüten,
bei jugendheißen Gemüten,
ein Mann weiß sich nicht Rat;
ein Schuster in seinem Laden
zieht an des Wahnes Faden.
Wie bald auf Gassen und Straßen
fängt der da an zu rasen!
Mann, Weib, Gesell und Kind
fällt sich da an wie toll und blind;
und will's der Wahn gesegnen,
nun muß es Prügel regnen,
mit Hieben, Stoß' und Dreschen
den Wutesbrand zu löschen.
Gott weiß, wie das geschah? –
Ein Kobold half wohl da!
Ein Glühwurm fand sein Weibchen nicht;
der hat den Schaden angericht't.
Der Flieder war's:
Johannisnacht. –
Nun aber kam Johannistag! –
Jetzt schau'n wir, wie Hans Sachs es macht,
daß er den Wahn fein lenken kann,
ein edler' Werk zu tun.
Denn läßt er uns nicht ruh'n

selbst hier in Nürenberg,
so sei's um solche Werk',
die selten vor gemeinen Dingen
und nie ohn' ein'gen Wahn gelingen.

Zweite Szene

(Walther tritt unter der Kammertür ein. Er bleibt einen Augenblick dort stehen und blickt auf Sachs. Dieser wendet sich und läßt den Folianten auf den Boden gleiten.)

Sachs: Grüß Gott, mein Junker! Ruhtet Ihr noch? Ihr wachtet lang:
nun schlieft Ihr doch?

Walther *(sehr ruhig)*:
Ein wenig, aber fest und gut.

Sachs: So ist Euch nun wohl baß zumut?

Walther *(immer sehr ruhig)*:
Ich hatt' einen wunderschönen Traum.

Sachs: Das deutet Gut's! Erzählt mir den.

Walther: Ihn selbst zu denken wag' ich kaum; ich fürcht' ihn mir
vergeh'n zu sehn.

Sachs: Mein Freund, das grad' ist Dichters Werk,
daß er sein Träumen deut' und merk'.
Glaubt mir, des Menschen wahrster Wahn
wird ihm im Traume aufgetan:
all Dichtkunst und Poeterei
ist nichts als Wahrtraumdeuterei.
Was gilt's, es gab der Traum Euch ein,
wie heut' Ihr sollet Meister sein?

Walther *(sehr ruhig)*:
Nein, von der Zunft und ihren Meistern
wollt' sich mein Traumbild nicht begeistern.

Sachs: Doch lehrt' es wohl den Zauberspruch, mit dem Ihr sie gewännet?

Walther *(etwas lebhafter)*:
Wie wähnt Ihr doch nach solchem Bruch, wenn Ihr noch Hoffnung kennet!

Sachs: Die Hoffnung laß ich mir nicht mindern,
nichts stieß sie noch über'n Haufen.
Wär's nicht, glaubt, statt Eure Flucht zu hindern,
wär' ich selbst mit Euch fortgelaufen!
Drum bitt ich, laßt den Groll jetzt ruh'n;
Ihr habt's mit Ehrenmännern zu tun,
die irren sich und sind bequem,
daß man auf ihre Weise sie nähm'.
Wer Preise erkennt und Preise stellt,
der will am End' auch, daß man ihm gefällt.
Eu'r Lied, das hat ihnen bang gemacht;
und das mit Recht:
denn wohlbedacht,
mit solchem Dicht'- und Liebesfeuer
verführt man wohl Töchter zum Abenteuer;
doch für liebseligen Ehestand
man andre Wort' und Weisen fand.

Walther *(lächelnd)*:
Die kenn' ich nun auch seit dieser Nacht:
es hat viel Lärm auf der Gasse gemacht.

Sachs *(lachend)*:
Ja, ja! Schon gut! Den Takt dazu
hörtet Ihr auch! – Doch, laßt dem Ruh'
und folgt meinem Rate, kurz und gut,
faßt zu einem Meisterliede Mut.

Walther: Ein schönes Lied, ein Meisterlied, wie faß ich da den Unterschied?

Sachs *(zart)*:
Mein Freund! In holder Jugendzeit,
wenn uns von mächt'gen Trieben
zum sel'gen ersten Lieben
die Brust sich schwellet hoch und weit,
ein schönes Lied zu singen
mocht' vielen da gelingen:
der Lenz, der sang für sie.
Kam Sommer, Herbst und Winterzeit,
viel Not und Sorg' im Leben,
manch ehlich Glück daneben,
Kindtauf', Geschäfte, Zwist und Streit:
denen's dann noch will gelingen,
ein schönes Lied zu singen,
seht, Meister nennt man die.

Walther: Ich lieb' ein Weib und will es frein,
mein dauernd Ehgemahl zu sein.

Sachs: Die Meisterregeln lernt beizeiten,
daß sie getreulich Euch geleiten
und helfen wohl bewahren,
was in der Jugend Jahren
mit holdem Triebe Lenz und Liebe
Euch unbewußt ins Herz gelegt,
daß Ihr das unverloren hegt.

Walther: Stehn sie nun in so hohem Ruf,
wer war es, der die Regeln schuf?

Sachs: Das waren hochbedürft'ge Meister,
von Lebensmüh' bedrängte Geister;
in ihrer Nöten Wildnis
sie schufen sich ein Bildnis,
daß ihnen bliebe der Jugendliebe

ein Angedenken klar und fest,
dran sich der Lenz erkennen läßt.

Walther: Doch, wem der Lenz schon lang entronnen,
wie wird er dem im Bild gewonnen?

Sachs: Er frischt es an, so oft er kann!
Drum möcht' ich, als bedürft'ger Mann,
will ich die Regeln Euch lehren,
sollt Ihr sie mir neu erklären.
Seht, hier ist Tinte, Feder, Papier:
ich schreib's Euch auf, diktiert Ihr mir!

Walther: Wie ich's begänne, wüßt' ich kaum.

Sachs: Erzählt mir Euren Morgentrauml

Walther: Durch Eurer Regeln gute Lehr' ist mir's, als ob verwischt er wär'.

Sachs: Grad' nehmt die Dichtkunst jetzt zur Hand; mancher durch sie das Verlorene fand.

Walther: So wär's nicht Traum, doch Dichterei?

Sachs: 's sind Freunde beid', steh'n gern sich bei.

Walther: Wie fang' ich nach der Regel an?

Sachs: Ihr stellt sie selbst und folgt ihr dann.
Gedenkt des schönen Traums am Morgen;
fürs and're laßt Hans Sachs nur sorgen!

Walther *(hat sich zu Sachs am Werktisch gesetzt, wo dieser das Gedicht Walthers nachschreibt. Er beginnt sehr leise, wie heimlich)*:
„Morgenlich leuchtend in rosigem Schein,
von Blüt' und Duft geschwellt die Luft,
voll aller Wonnen, nie ersonnen,
ein Garten lud mich ein, Gast ihm zu sein."

Sachs: Das war ein Stollen:
nun achtet wohl,
daß ganz ein gleicher ihm folgen soll.

Walther: Warum ganz gleich?

Sachs: Damit man seh',
Ihr wähltet Euch gleich ein Weib zur Eh'.

Walther: "Wonnig entragend dem seligen Raum
bot goldner Frucht heilsaft'ge Wucht
mit holdem Prangen dem Verlangen
an duft'ger Zweige Saum herrlich ein Baum."

Sachs: Ihr schlosset nicht im gleichen Ton.
Das macht den Meistern Pein;
doch nimmt Hans Sachs die Lehr' davon,
im Lenz wohl müss' es so sein. –
Nun stellt mir einen Abgesang.

Walther: Was soll nun der?

Sachs: Ob Euch gelang,
ein rechtes Paar zu finden,
das zeigt sich [jetzt] an den Kinden.
Den Stollen ähnlich, doch nicht gleich,
an eig'nen Reim' und Tönen reich;
daß man's recht schlank und selbstig find',
das freut die Eltern an dem Kind,
und Euren Stollen gibt's den Schluß,
daß nichts davon abfallen muß.

Walther: "Sei Euch vertraut,
welch hehres Wunder mir gescheh'n:
an meiner Seite stand ein Weib,
so hold und schön ich nie geseh'n;
gleich einer Braut
umfaßte sie sanft meinen Leib;

mit Augen winkend,
die Hand wies blinkend,
was ich verlangend begehrt,
die Frucht so hold und wert
vom Lebensbaum.“

Sachs *(gerührt)*:
Das nenn' ich mir einen Abgesang!
Seht, wie der ganze Bar gelang.
Nur mit der Melodei seid Ihr ein wenig frei;
doch sag' ich nicht, daß das ein Fehler sei;
nur ist's nicht leicht zu behalten,
und das ärgert uns're Alten! –
Jetzt richtet mir noch einen zweiten Bar,
damit man merk', welch' der erste war.
Auch weiß ich noch nicht, so gut Ihr's gereimt,
was Ihr gedichtet, was Ihr geträumt.

Walther: “Abendlich glühend in himmlischer Pracht
verschied der Tag, wie dort ich lag;
aus ihren Augen Wonne zu saugen,
Verlangen einz'ger Macht in mir nur wacht'.
Nächtlich umdämmert der Blick mir sich bricht!
Wie weit so nah' beschienen da
zwei lichte Sterne aus der Ferne
durch schlanker Zweige Licht hehr mein Gesicht.
Lieblich ein Quell
auf stiller Höhe dort mir rauscht;
jetzt schwellt er an sein hold' Getön',
so stark und süß ich's nie erlauscht:
leuchtend und hell, wie strahlten die Sterne da schön;
zu Tanz und Reigen in Laub und Zweigen
der gold'nen sammeln sich mehr,
statt Frucht ein Sternenheer
im Lorbeerbaum.“ –

Sachs *(sehr gerührt)*:
Freund!
Euer Traumbild wies Euch wahr;
gelungen ist auch der zweite Bar.
Wolltet Ihr noch einen dritten dichten?
Des Traumes Deutung würd' er berichten.

Walther *(steht schnell auf)*:
Wo fänd' ich die? Genug der Wort'!

Sachs *(erhebt sich gleichfalls und tritt mit freundlicher Entschiedenheit zu Walther)*:
Dann Tat und Wort am rechten Ort!
Drum bitt' ich, merkt mir wohl die Weise:
gar lieblich drin sich's dichten läßt:
und singt Ihr sie im weit'ren Kreise,
so haltet mir auch das Traumbild fest.

Walther: Was habt Ihr vor?

Sachs: Eu'r treuer Knecht
fand sich mit Sack und Tasch' zurecht;
die Kleider, drin am Hochzeitfest
daheim Ihr wolltet prangen,
die ließ er her zu mir gelangen.
Ein Täubchen zeigt' ihm wohl das Nest,
darin sein Junker träumt!
Drum folgt mir jetzt ins Kämmerlein!
Mit Kleiden, wohlgesäumt,
sollen beide wir gezieret sein,
wenn's Stattliches zu wagen gilt.
Drum kommt, seid Ihr gleich mir gesinnt.

(Walther schlägt in Sachsens Hand ein; so geleitet ihn dieser ruhig festen Schrittes zur Kammer, deren Tür er ihm ehrerbietig öffnet und dann ihm folgt.)

Dritte Szene

(Beckmesser. Sachs. Man gewahrt Beckmesser, welcher draußen vor dem Laden erscheint, in großer Aufregung hereinlugt und, da er die Werkstatt leer findet, hastig eintritt Er ist reich aufgeputzt, aber in sehr leidendem Zustande. Er blickt sich erst unter der Tür nochmals genau in der Werkstatt um, dann hinkt er vorwärts, zuckt aber zusammen und streicht sich den Rükken. Er macht wieder einige Schritte, knickt aber mit den Knien und streicht nun diese. Er setzt sich auf den Schusterschemel, fährt aber schnell schmerzhaft wieder auf. Er betrachtet sich den Schemel und gerät dabei in immer aufgeregteres Nachsinnen. Er wird von den verdrießlichsten Erinnerungen und Vorstellungen gepeinigt; immer unruhiger beginnt er sich den Schweiß von der Stirne zu wischen. Er hinkt immer lebhafter umher und starrt dabei vor sich hin. Als ob er von allen Seiten verfolgt wäre, taumelt er fliehend hin und her. Wie um nicht umzusinken, hält er sich an dem Werktisch, zu dem er hin geschwankt war, an und starrt vor sich hin.

Matt und verzweiflungsvoll sieht er um sich; sein Blick fällt endlich durch das Fenster auf Pogners Haus; er hinkt mühsam an dasselbe heran, und, nach dem gegenüberliegenden Fenster ausspähend, versucht er, sich in die Brust zu werfen, als ihm sogleich der Ritter Walther einfällt. Ärgerliche Gedanken entstehen dadurch, gegen die er mit schmeichelndem Selbstgefühl anzukämpfen sucht. Die Eifersucht übermannt ihn; er schlägt sich vor den Kopf. Er glaubt die Verhöhnung der Weiber und Buben auf der Gasse zu vernehmen, wendet sich wütend ab und schmeißt das Fenster zu.

Sehr verstört wendet er sich mechanisch wieder dem Werktische zu, indem er vor sich hinbrütend nach einer neuen Weise zu suchen scheint. Sein Blick fällt auf das von Sachs zuvor beschriebene Papier; er nimmt es neugierig auf, überfliegt es mit wachsender Aufregung und bricht endlich wütend aus.)

Beckmesser: Ein Werbelied! Von Sachs! Ist's wahr?
Ha! Jetzt wird mir alles klar!

(Da er die Kammertür gehen hört, fährt er zusammen und steckt das Papier eilig in die Tasche.)

Sachs *(im Festgewande, tritt ein, kommt vor und hält an, als er Beckmesser gewahrt)*:
Sieh da, Herr Schreiber! Auch am Morgen?
Euch machen die Schuh' doch nicht mehr Sorgen?

Beckmesser: Zum Teufel! So dünn war ich noch nie beschuht!
Fühl' durch die Sohl' den kleinsten Kies!

Sachs: Mein Merkersprüchlein wirkte dies,
trieb sie mit Merkerzeichen so weich.

Beckmesser: Schon gut der Witz! Und genug der Streich'!
Glaubt mir, Freund Sachs, jetzt kenn' ich Euch!
Der Spaß von dieser Nacht, der wird Euch noch gedacht.
Daß ich Euch nur nicht im Wege sei,
schuft Ihr gar Aufruhr und Meuterei!

Sachs: 's war Polterabend, laßt Euch bedeuten;
Eure Hochzeit spukte unter den Leuten:
je toller es da hergeh', je besser bekommt's der Eh'.

Beckmesser *(wütend)*:
O Schuster, voll von Ränken
und pöbelhaften Schwänken,
du warst mein Feind von je:
nun hör, ob hell ich seh'!
Die ich mir auserkoren,
die ganz für mich geboren,
zu aller Witwer Schmach,
der Jungfer stellst du nach.
Daß sich Herr Sachs erwerbe
des Goldschmieds reiches Erbe,

im Meisterrat zur Hand
auf Klauseln er bestand,
ein Mägdlein zu betören,
das nur auf ihn sollt' hören
und, andern abgewandt,
zu ihm allein sich fand.
Darum! Darum!
Wär' ich so dumm?
Mit Schreien und mit Klopfen
wollt' er mein Lied zustopfen,
daß nicht dem Kind werd' kund,
wie auch ein and'rer bestund!
Ja ja! Haha! Hab ich dich da?
Aus seiner Schusterstuben
hetzt' endlich er den Buben
mit Knüppeln auf mich her,
daß meiner los er wär'!
Au au! Au au! Wohl grün und blau,
zum Spott der allerliebsten Frau,
zerschlagen und zerprügelt,
daß kein Schneider mich aufbügelt!
Gar auf mein Leben war's angegeben!
Doch kam ich noch so davon,
daß ich die Tat Euch lohn'!
Zieht heut' nur aus zum Singen,
merkt auf, wie's mag gelingen;
bin ich gezwackt auch und zerhackt,
Euch bring' ich doch sicher aus dem Takt!

Sachs: Gut Freund, Ihr seid in argem Wahn!
Glaubt, was Ihr wollt, daß ich getan,
gebt Eure Eifersucht nur hin;
zu werben kommt mir nicht in Sinn.

Beckmesser: Lug und Trug! Ich kenn' es besser.

Sachs: Was fällt Euch nur ein, Meister Beckmesser?
Was ich sonst im Sinn, geht Euch nichts an.
Doch glaubt, ob der Werbung seid Ihr im Wahn.

Beckmesser: Ihr sängt heut nicht?

Sachs: Nicht zur Wette.

Beckmesser: Kein Werbelied?

Sachs: Gewißlich, nein!

Beckmesser: Wenn ich aber drob ein Zeugnis hätte? (Er greift in die Tasche.)

Sachs *(blickt auf den Werktisch)*:
Das Gedicht? Hier ließ ich's. Stecktet Ihr's ein?

Beckmesser *(das Blatt hervorziehend)*:
Ist das Eure Hand?

Sachs: Ja – war es das?

Beckmesser: Ganz frisch noch die Schrift?

Sachs: Und die Tinte noch naß!

Beckmesser: ‘s wär' wohl gar ein biblisches Lied?

Sachs: Der fehlte wohl, wer darauf riet.

Beckmesser: Nun denn?

Sachs: Wie doch?

Beckmesser: Ihr fragt?

Sachs: Was noch?

Beckmesser: Daß Ihr mit aller Biederkeit
der ärgste aller Spitzbuben seid!

Sachs: Mag sein! Doch hab ich noch nie entwandt,
was ich auf fremden Tischen fand –

und daß man von Euch auch nicht Übles denkt,
behaltet das Blatt, es sei Euch geschenkt.

Beckmesser *(in freudigem Schreck aufspringend)*:
Herrgott! ...
Ein Gedicht? ... Ein Gedicht von Sachs!
Doch halt, daß kein neuer Schad' mir erwachs'!
Ihr habt's wohl schon recht gut memoriert?

Sachs: Seid meinethalb doch nur unbeirrt!

Beckmesser: Ihr laßt mir das Blatt?

Sachs: Damit Ihr kein Dieb.

Beckmesser: Und mach' ich Gebrauch?

Sachs: Wie's Euch belieb'.

Beckmesser: Doch sing' ich das Lied?

Sachs: Wenn's nicht zu schwer!

Beckmesser: Und wenn ich gefiel'?

Sachs: Das ... wunderte mich sehr!

Beckmesser *(ganz zutraulich)*:
Da seid Ihr nun wieder zu bescheiden:
ein Lied von Sachs,
(gleichsam pfeifend) das will was bedeuten!
Und seht nur, wie mir's ergeht,
wie's mit mir Ärmsten steht!
Erseh' ich doch mit Schmerzen,
das Lied, das nachts ich sang –
dank Euren lust'gen Scherzen! –
es machte der Pognerin bang'.
Wie schaff' ich mir nun zur Stelle
ein neues Lied herzu?
Ich armer, zerschlag'ner Geselle,

wie fänd' ich heut dazu Ruh'?
Werbung und ehlich Leben,
ob das mir Gott beschied,
muß ich nun grad aufgeben,
hab ich kein neues Lied.
Ein Lied von Euch, des bin ich gewiß,
mit dem besieg' ich jed' Hindernis!
Soll ich das heute haben,
vergessen, begraben
sei Zwist, Hader und Streit
und was uns je entzweit.
(Er blickt seitwärts in das Blatt: plötzlich runzelt sich seine Stirn.)
Und doch! Wenn's nur eine Falle wär'?
Noch gestern wart Ihr mein Feind:
Wie käm's, daß nach so großer Beschwer'
Ihr's freundlich heut' mit mir meint?

Sachs: Ich macht' Euch Schuh' in später Nacht:
hat man je so einen Feind bedacht?

Beckmesser: Ja ja! Recht gut! Doch eines schwört:
wo und wie Ihr das Lied auch hört,
daß nie Ihr Euch beikommen laßt,
zu sagen, das Lied sei von Euch verfaßt.

Sachs: Das schwör' ich und gelob' es Euch,
nie mich zu rühmen, das Lied sei von mir.

Beckmesser *(sich vergnügt die Hände reibend)*:
Was will ich mehr? Ich bin geborgen!
Jetzt braucht sich Beckmesser nicht mehr zu sorgen!

Sachs: Doch, Freund, ich führ's Euch zu Gemüte
und rat' es Euch in aller Güte:
studiert mir recht das Lied!
Sein Vortrag ist nicht leicht:

ob Euch die Weise geriet
und Ihr den Ton erreicht!

Beckmesser: Freund Sachs, Ihr seid ein guter Poet;
doch was Ton und Weise betrifft,
gesteht, da tut mir's keiner vor!
Drum spitzt nur fein das Ohr.
Und:
„Beckmesser, keiner besser!"
darauf macht Euch gefaßt,
wenn Ihr mich ruhig singen laßt.
Doch nun memorieren,
schnell nach Haus;
ohne Zeit zu verlieren
richt' ich das aus.
Hans Sachs, mein Teurer!
ich hab Euch verkannt;
durch den Abenteurer
war ich verrannt:
(sehr zutraulich) So einer fehlte uns bloß!
Den wurden wir Meister doch los!
Doch mein Besinnen
läuft mir von hinnen.
Bin ich verwirrt
und ganz verirrt?
Die Silben, die Reime,
die Worte, die Verse:
ich kleb' wie am Leime,
und brennt doch die Ferse.
Ade, ich muß fort!
An andrem Ort
dank' ich Euch inniglich,
weil Ihr so minniglich;
für Euch nun stimme ich,

kauf' Eure Werke gleich,
mache zum Merker Euch:
doch fein mit Kreide weich,
nicht mit dem Hammerstreich!
Merker! Merker! Merker Hans Sachs!
Daß Nürnberg schusterlich blüh' und wachs'!

(Beckmesser nimmt tanzend von Sachs Abschied, taumelt und poltert der Ladentür zu; plötzlich glaubt er das Gedicht in seiner Tasche vergessen zu haben, läuft wieder vor, sucht ängstlich auf dem Werktische, bis er es in der eigenen Hand gewahr wird; darüber scherzhaft erfreut, umarmt er Sachs nochmals voll feurigen Dankes und stürzt dann, hinkend und strauchelnd, geräuschvoll durch die Ladentür ab.)

Sachs *(sieht Beckmesser gedankenvoll lächelnd nach)*:
So ganz boshaft doch keinen ich fand;
er hält's auf die Länge nicht aus:
vergeudet mancher oft viel Verstand,
doch hält er auch damit Haus;
die schwache Stunde kommt für jeden,
da wird er dumm und läßt mit sich reden.
Daß hier Herr Beckmesser ward zum Dieb,
ist mir für meinen Plan sehr lieb.
(Eva nähert sich auf der Straße der Ladentür. Sachs wendet sich um und gewahrt Eva.)
Sieh, Evchen! Dacht' ich doch, wo sie blieb'!

Vierte Szene

(Eva, reich geschmückt, in glänzender weißer Kleidung, etwas leidend und blaß, tritt zum Laden herein und schreitet langsam vor.)

Sachs: Grüß Gott, mein Evchen! Ei, wie herrlich
und stolz du's heute meinst!

Du machst wohl alt und jung begehrlich,
wenn du so schön erscheinst.

Eva: Meister! ‘s ist nicht so gefährlich:
und ist's dem Schneider geglückt,
wer sieht dann, wo's mir beschwerlich,
wo still der Schuh mich drückt?

Sachs: Der böse Schuh! ‘s war deine Laun',
daß du ihn gestern nicht probiert.

Eva: Merk' wohl, ich hatt' zu viel Vertrau'n;
im Meister hatt' ich mich geirrt.

Sachs: Ei, ‘s tut mir leid! Zeig' her, mein Kind,
daß ich dir helfe gleich geschwind.

Eva: Sobald ich stehe, will es geh'n;
och will ich geh'n, zwingt's mich zu steh'n.

Sachs: Hier auf den Schemel streck den Fuß:
der üblen Not ich wehren muß.
(Sie streckt einen Fuß auf dem Schemel am Werktisch aus.)
Was ist's mit dem?

Eva: Ihr seht, zu weit!

Sachs: Kind, das ist pure Eitelkeit,
der Schuh ist knapp.

Eva: Das sagt' ich ja:
drum drückt er mich an den Zehen da.

Sachs: Hier links?

Eva: Nein, rechts.

Sachs: Wohl mehr am Spann?

Eva: Hier, mehr am Hacken.

Sachs: Kommt der auch dran?

Eva: Ach Meister! Wüßtet Ihr besser als ich,
wo der Schuh mich drückt?

Sachs: Ei, ‘s wundert mich,
daß er zu weit und doch drückt überall?

(Walther, in glänzender Rittertracht, tritt unter die Tür der Kammer. Eva stößt einen Schrei aus und bleibt, unverwandt auf Walther blickend, in ihrer Stellung, mit dem Fuße auf dem Schemel. Sachs, der vor ihr niedergebückt steht, bleibt mit dem Rücken der Tür zugekehrt, ohne Walthers Eintritt zu beachten. Walther, durch den Anblick Evas festgebannt, bleibt ebenfalls unbeweglich unter der Tür stehen.)

Aha! Hier sitzt's! Nun begreif' ich den Fall!
Kind, du hast recht:
‘s stak in der Naht.
Nun warte, dem Übel schaff' ich Rat.
Bleib nur so steh'n; ich nehm' dir den Schuh
eine Weil' auf den Leisten:
dann läßt er dir Ruh'!

(Er hat ihr sanft den Schuh vom Fuße gezogen; während sie in ihrer Stellung verbleibt, macht er sich am Werktisch mit dem Schuh zu schaffen und tut, als beachte er nichts anderes.)

Sachs *(bei der Arbeit)*:
Immer schustern, das ist nun mein Los;
des Nachts, des Tags komm' nicht davon los!
Kind, hör' zu! Ich hab mir's überdacht,
was meinem Schustern ein Ende macht:
am besten, ich werbe doch noch um dich;
da gewänn' ich doch was als Poet für mich!
Du hörst nicht drauf? – So sprich doch jetzt!
Hast mir's ja selbst in den Kopf gesetzt.
Schon gut! – Ich merk':

„Mach deinen Schuh!"..
Säng' mir nur wenigstens einer dazu!
Hörte heut' gar ein schönes Lied:
wem dazu wohl ein dritter Vers geriet?

Walther *(den Blick unverwandt auf Eva geheftet)*:
„Weilten die Sterne im lieblichen Tanz?
So licht und klar im Lockenhaar,
vor allen Frauen hehr zu schauen,
lag ihr mit zartem Glanz ein Sternenkranz. –

Sachs *(immerfort arbeitend)*:
Lausch, Kind, das ist ein Meisterlied!

Walther: Wunder ob Wunder nun bieten sich dar:
zwiefachen Tag ich grüßen mag;
denn gleich zwei'n Sonnen reinster Wonnen
der hehrsten Augen Paar nahm ich da wahr. –

Sachs *(beiseite zu Eva)*:
Derlei hörst du jetzt bei mir singen.

Walther: Huldreichstes Bild,
dem ich zu nahen mich erkühnt:
den Kranz, von zweier Sonnen Strahl
zugleich geblichen und ergrünt,
minnig und mild,
sie flocht ihn um das Haupt dem Gemahl.

Sachs *(hat den Schuh zurückgebracht und ist jetzt darüber, ihn Eva wieder anzuziehen)*:
Nun schau, ob dazu mein Schuh geriet?

Walther: Dort Huld-geboren, nun Ruhm-erkoren,

Sachs: Mein' endlich doch, es tät' mir gelingen?

Walther: gießt paradiesische Lust sie in des Dichters Brust

Sachs: Versuch's! Tritt auf! – Sag, drückt er dich noch?

Walther: im Liebestraum."

(Eva, die wie bezaubert regungslos gestanden, gesehen und gehört hat, bricht jetzt in heftiges Weinen aus, sinkt Sachs an die Brust und drückt ihn schluchzend an sich. Walther ist zu ihnen getreten; er drückt begeistert Sachs die Hand. Sachs tut sich endlich Gewalt an, reißt sich wie unmutig los und läßt dadurch Eva unwillkürlich an Walthers Schulter sich anlehnen.)

Sachs: Hat man mit dem Schuhwerk nicht seine Not!
Wär' ich nicht noch Poet dazu,
ich machte länger keine Schuh'!
Das ist eine Müh', ein Aufgebot!
Zu weit dem einen, dem andern zu eng;
von allen Seiten Lauf und Gedräng':
da klappt's, da schlappt's,
hier drückt's, da zwickt's!
Der Schuster soll auch alles wissen,
flicken, was nur immer zerrissen
und ist er [nun] gar Poet dazu,
da läßt man am End' ihm auch da keine Ruh';
und ist er erst noch Witwer gar,
zum Narren hält man ihn fürwahr.
Die jüngsten Mädchen, ist Not am Mann,
begehren. er hielte um sie an.
Versteht er sie, versteht er sie nicht,
all eins, ob ja, ob nein er spricht:
am End' riecht er doch nach Pech
und gilt für dumm, tückisch und frech!
Ei, 's ist mir nur um den Lehrbuben leid;
der verliert mir allen Respekt;
die Lene macht' ihn schon nicht recht gescheit,
daß aus Töpf' und Tellern er leckt!
Wo Teufel er jetzt nur wieder steckt?
(Er stellt sich, als wolle er nach David sehen.)

Eva *(indem sie Sachs zurückhält und von neuem an sich zieht)*:
O Sachs, mein Freund! Du teurer Mann!
Wie ich dir Edlem lohnen kann?
Was ohne deine Liebe, was wär' ich ohne dich,
ob je auch Kind ich bliebe,
erwecktest du mich nicht?
Durch dich gewann ich,
was man preist,
durch dich ersann ich,
was ein Geist!
Durch dich erwacht',
durch dich nur dacht'
ich edel, frei und kühn,
du ließest mich erblüh'n!
Ja, lieber Meister, schilt mich nur!
Ich war doch auf der rechten Spur:
denn, hatte ich die Wahl,
nur dich erwählt' ich mir:
du warest mein Gemahl.
Den Preis reicht' ich nur dir! –
Doch nun hat's mich gewählt
zu nie gekannter Qual:
und werd' ich heut' vermählt,
so war's ohn' alle Wahl!
Das war ein Müssen, war ein Zwang!
Euch selbst, mein Meister, wurde bang'.

Sachs: Mein Kind, von Tristan und Isolde
kenn' ich ein traurig Stück:
Hans Sachs war klug und wollte
nichts von Herrn Markes Glück.
'S war Zeit, daß ich den Rechten fand,
wär' sonst am End' doch hineingerannt. –

Aha! Da streicht die Lene schon ums Haus:
Nur herein! – He, David! Kommst nicht heraus?

(Magdalene, in festlichem Staate, tritt durch die Ladentür herein; David ebenfalls im Festkleid, mit Blumen und Bändern sehr reich und zierlich aufgeputzt, kommt zugleich aus der Kammer.)

Die Zeugen sind da, Gevatter zur Hand;
jetzt schnell zur Taufe, nehmt euren Stand.
(Alle blicken ihn verwundert an.)
Ein Kind ward hier geboren;
jetzt sei ihm ein Nam' erkoren!
So ist's nach Meisterweis' und Art,
wenn eine Meister-Weise geschaffen ward:
daß die einen guten Namen trag',
dran jeder sie erkennen mag.
Vernehmt, respektable Gesellschaft,
was euch hier zur Stell' schafft!
Eine Meisterweise ist gelungen,
von Junker Walther gedichtet und gesungen;
der jungen Weise lebender Vater
lud mich und die Pognerin zu Gevatter.
Weil wir die Weise wohl vernommen,
sind wir zur Taufe hierher gekommen.
Auch daß wir zur Handlung Zeugen haben,
ruf' ich Jungfer Lene und meinen Knaben.
Doch da's zum Zeugen kein Lehrbube tut
und heut' auch den Spruch er gesungen gut,
so mach' ich den Burschen gleich zum Gesell;
knie nieder, David, und nimm diese Schell'!
(David ist niedergekniet: Sachs gibt ihm eine starke Ohrfeige.)
Steh' auf, Gesell', und denk' an den Streich;
du merkst dir dabei die Taufe zugleich! –
Fehlt sonst noch was, uns keiner schilt:

wer weiß, ob's nicht gar einer Nottaufe gilt.
Daß die Weise Kraft behalte zum Leben,
will ich nur gleich den Namen ihr geben:
„Die selige Morgentraumdeut-Weise“
sei sie genannt zu des Meisters Preise.
Nun wachse sie groß, ohn' Schad' und Bruch.
Die jüngste Gevatterin spricht den Spruch.

(Er tritt aus der Mitte des Halbkreises, der von den übrigen um ihn gebildet war, auf die Seite, so daß nun Eva in die Mitte zu stehen kommt.)

Eva: Selig, wie die Sonne
meines Glückes lacht,
Morgen voller Wonne
selig mir erwacht!
Traum der höchsten Hulden,
himmlisch' Morgenglüh'n!
Deutung euch zu schulden,
selig süß Bemüh'n!
Einer Weise mild und hehr
sollt' es hold gelingen,
meines Herzens süß Beschwer'
deutend zu bezwingen.

Sachs: Vor dem Kinde lieblich hold
möcht' ich gern wohl singen;
doch des Herzens süß' Beschwer
galt es zu bezwingen.

Walther: Deine Liebe ließ mir es gelingen,
meines Herzens süß' Beschwer' deutend zu bezwingen.

Magdalene und David: Wach' oder träum' ich schon so früh?
Das zu erklären macht mir Müh':

Eva: Ob es nur ein Morgentraum?

Walther: Ob es noch der Morgentraum?

Sachs: 's war ein schöner Morgen-Traum:

Eva und Walther: Selig deut' ich mir es kaum.
Doch die Weise, was sie leise
mir/dir vertraut

Walther: im stillen Raum,

Beide: hell und laut,
in der Meister vollem Kreis

Walther: werbe sie um den höchsten Preis!

Eva: deute sie auf den höchsten Preis!

Sachs: dran zu deuten wag' ich kaum.
Diese Weise, was sie leise
mir anvertraut' im stillen Raum,
sagt mir laut:
auch der Jugend ew'ges Reis
grünt nur durch des Dichters Preis.

Magdalene und David: 's ist wohl nur ein Morgentraum?
Was ich seh', begreif' ich kaum!

David: Ward zur Stelle gleich Geselle?
Lene Braut?
Im Kirchenraum wir gar getraut?
's geht der Kopf mir wie im Kreis,
daß Meister gar bald ich heiß'!

Magdalene: Er zur Stelle gleich Geselle?
Ich die Braut?
Im Kirchenraum wir gar getraut?
Ja, wahrhaftig! 's geht:
wer weiß,
daß ich die Meist'rin bald heiß'!

Sachs *(zu den übrigen sich wendend)*:
Jetzt all' am Fleck!

(Zu Eva.) Den Vater grüß'!
Auf nach der Wies', schnell auf die Füß'!

(Eva und Magdalene gehen.)

(Zu Walther.)
Nun, Junker, kommt! Habt frohen Mut! –
David, Gesell! Schließ' den Laden gut!

(Als Sachs und Walther ebenfalls auf die Straße gehen und David über das Schließen der Ladentür sich hermacht, wird ein Vorhang von beiden Seiten zusammengezogen, so daß im Proszenium er die Szene gänzlich verschließt.)

Fünfte Szene

(Die Vorhänge sind nach der Höhe aufgezogen worden; die Bühne ist verwandelt.

Diese stellt einen freien Wiesenplan, im ferneren Hintergrunde die Stadt Nürnberg. Die Pegnitz schlängelt sich durch den Plan, der schmale Fluß ist an den nächsten Punkten praktikabel gehalten.

Buntbeflaggte Kähne setzen die ankommenden, festlich gekleideten Bürger der Zünfte mit Frauen und Kindern, an das Ufer der Festwiese über. Eine erhöhte Bühne mit Bänken und Sitzen darauf ist rechts zur Seite aufgeschlagen; bereits ist sie mit den Fahnen der angekommenen Zünfte geschmückt; im Verlaufe stecken die Fahnenträger der noch ankommenden Zünfte ihre Fahnen ebenfalls um die Sängerbühne auf so daß diese schließlich nach drei Seiten hin ganz davon eingefaßt ist. Zelte mit Getränken und Erfrischungen aller Art begrenzen im übrigen die Seiten des vorderen Hauptraumes. Vor den Zelten geht es bereits lustig her:

Bürger mit Frauen, Kindern und Gesellen sitzen und lagern daselbst. Die Lehrbuben der Meistersinger, festlich gekleidet, mit Blumen und Bändern reich und anmutig geschmückt, üben mit schlanken Stäben, die ebenfalls mit Blumen und Bändern geziert sind, in lustiger Weise das Amt von Herolden und Marschällen aus. Sie empfangen die am Ufer Aussteigenden, ordnen die Züge der Zünfte und geleiten diese nach der Sängerbühne, von wo aus, nachdem der Bannerträger die Fahne aufgepflanzt, die Zunftbürger und Gesellen sich unter den Zelten zerstreuen. Soeben werden die Schuster am Ufer empfangen und nach dem Vordergrunde geleitet.)

Die Schuster *(mit fliegender Fahne aufziehend)*:
Sankt Krispin, lobet ihn!
War gar ein heilig' Mann,
zeigt', was ein Schuster kann.
Die Armen hatten gute Zeit,
macht' ihnen warme Schuh';
und wenn ihm keiner ‘s Leder leiht,
so stahl er sich's dazu.
Der Schuster hat ein weit Gewissen,
macht Schuhe selbst mit Hindernissen;
und ist vom Gerber das Fell erst weg,
dann streck, streck, streck!
Leder taugt nur am rechten Fleck.

(Die Stadtwächter und Heerhornbläser mit Trompeten und Trommeln sowie die Stadtpfeifer, Lautenmacher usw. ziehen, auf ihren Instrumenten spielend, auf. Ihnen folgen Gesellen mit Kinderinstrumenten.)

Die Schneider *(mit fliegender Fahne aufziehend)*:
Als Nürnberg belagert war
und Hungersnot sich fand,
wär' Stadt und Volk verdorben gar,
war nicht ein Schneider zur Hand,
der viel Mut hatt' und Verstand.
Hat sich in ein Bocksfell eingenäht,
auf dem Stadtwall da spazierengeht
und macht wohl seine Sprünge
gar lustig guter Dinge.

Der Feind, der sieht's und zieht vom Fleck:
der Teufel hol' die Stadt sich weg,
hat's drin noch so lustige Meck-meck-meck!
Meck! Meck! Meck!
Wer glaubt's, daß ein Schneider im Bocke steck'!

Die Bäcker *(ziehen mit fliegender Fahne auf)*:
Hungersnot! Hungersnot!
Das ist ein greulich Leiden!
Gäb' euch der Bäcker nicht täglich Brot,
müßt' alle Welt verscheiden.
Beck! Beck! Beck!
Täglich auf dem Fleck!
Nimm uns den Hunger weg!

Die Schuster *(welche ihre Fahne aufgesteckt, begegnen beim Herabschreiten von der Sängerbühne den Bäckern)*:
Streck! Streck! Streck!
Leder taugt nur am rechten Fleck.

Die Schneider *(nachdem die Fahne aufgesteckt, herabschreitend)*:
Meck! Meck! Meck!
Wer meint, daß ein Schneider im Bocke steck'!

(Ein bunter Kahn mit jungen Mädchen in reicher bäuerischer Tracht kommt an.)

Lehrbuben *(laufen nach dem Gestade)*:
' Herrje! Herrje! Mädel von Fürth!
Stadtpfeifer, spielt, daß's lustig wird!

(Sie heben die Mädchen aus dem Kahn.)

(Das Charakteristische des Tanzes, mit welchem die Lehrbuben und Mädchen zunächst nach dem Vordergrund kommen, besteht darin, daß die Lehrbuben die Mädchen scheinbar nur an den Platz bringen wollen; sowie die Gesellen zugreifen wollen, ziehen die Buben die Mädchen aber immer wieder zurück, als ob sie sie anderswo

unterbringen wollten, wobei sie den ganzen Kreis, wie wählend, ausmessen und somit die scheinbare Absicht anmutig und lustig verzögern.)

David *(kommt vom Landungsplatz vor und sieht mißbilligend dem Tanze zu)*:
Ihr tanzt? Was werden die Meister sagen?
(Die Lehrbuben drehen ihm Nasen.)
Hört nicht? – Laß ich mir's auch behagen!

(Er nimmt sich ein junges, schönes Mädchen und gerät im Tanze mit ihr schnell in großes Feuer. Die Zuschauer freuen sich und lachen.)

Einige Lehrbuben *(winken David)*:
David! David! Die Lene sieht zu!

David *(läßt das Mädchen erschrocken fahren, um das die Lehrbuben sogleich tanzend einen Kreis schließen. Da er Lene nirgends gewahrt, merkt David, daß er nur geneckt worden, durchbricht den Kreis, erfaßt sein Mädchen wieder und tanzt noch feuriger weiter)*:
Ach, laßt mich mit euren Possen in Ruh'!

(Die Buben suchen ihm das Mädchen zu entreißen, er wendet sich mit ihr jedesmal glücklich ab, so daß nun ein ähnliches Spiel entsteht wie zuvor, als die Gesellen nach den Mädchen faßten.)

Gesellen *(vom Ufer her)*:
Die Meistersinger!

Lehrbuben: Die Meistersinger!

(Sie unterbrechen schnell den Tanz und eilen zum Ufer.)

David: Herrgott! Ade, ihr hübschen Dinger!

(Er gibt dem Mädchen einen feurigen Kuß und reißt sich los.

Die Lehrbuben reihen sich zum Empfang der Meistersinger. Das Volk macht ihnen willig Platz.

Die Meistersinger ordnen sich am Landungsplatze zum festlichen Aufzuge.

Wenn Kothner im Vordergrunde ankommt, wird die geschwungene Fahne, auf welcher König David mit der Harfe abgebildet ist, von allem Volk mit Hutschwenken begrüßt.

Der Zug der Meistersinger ist nun auf der Singerbühne angelangt, wo Kothner die Fahne aufpflanzt. Pogner, Eva an der Hand führend, diese von festlich geschmückten, reich gekleideten jungen Mädchen, unter denen auch Magdalene, begleitet, voran.

Als Eva, von den Mädchen umgeben, den mit Blumen geschmückten Ehrenplatz eingenommen und alle übrigen, die Meister auf den Bänken, die Gesellen hinter ihnen stehend, ebenfalls Platz genommen, treten die Lehrbuben, dem Volke zugewendet, feierlich vor die Bühne in Reih und Glied.)

Lehrbuben: Silentium! Silentium!

(Sachs erhebt sich und tritt vor. Bei seinem Anblick stößt sich alles an; Hüte und Mützen werden abgezogen. Alle deuten auf ihn.)

Macht kein Reden und kein Gesumm'.

Einige im Volk: Ha! Sachs! ‘s ist Sachs!
Seht Meister Sachs!

Mehrere: Stimmt an! Stimmt an!

(Alle Sitzenden erheben sich; die Männer bleiben mit entblößtem Haupte. Beckmesser bleibt, mit dem Memorieren des Gedichtes beschäftigt, hinter den anderen Meistern versteckt, so daß er bei dieser Gelegenheit der Beachtung des Publikums entzogen wird.)

Alle *(außer Sachs)*:
Wach' auf, es nahet gen den Tag,
ich hör' singen im grünen Hag
ein' wonnigliche Nachtigal,

ihr' Stimm' durchdringet Berg und Tal;
die Nacht neigt sich zum Okzident,
der Tag geht auf von Orient,
die rotbrünstige Morgenröt'
her durch die trüben Wolken geht.“

(Das Volk nimmt wieder eine jubelnd bewegte Haltung an und singt nun allein. Die Meister auf der Bühne sowie die anderen Teilnehmer am Gesange geben sich dem Schauspiele des Volksjubels hin.)

Heil Sachs! Heil dir, Sachs!
Heil Nürnbergs teurem Sachs! Heil! Heil!

(Sachs, der unbeweglich, wie geistesabwesend, über die Menge hinweg geblickt hatte, richtet endlich seine Blicke vertrauter auf sie und beginnt mit ergriffener; schnell sich festigender Stimme.)

Sachs: Euch macht Ihr's leicht, mir macht Ihr's schwer,
gebt Ihr mir Armen zuviel Ehr'.
Soll vor der Ehr' ich besteh'n,
sei's, mich von Euch geliebt zu seh'n!
Schon große Ehr' ward mir erkannt,
ward heut' ich zum Spruchsprecher ernannt.
Und was mein Spruch Euch künden soll,
glaubt, das ist hoher Ehren voll!
Wenn Ihr die Kunst so hoch schon ehrt,
da galt es zu beweisen,
daß, wer ihr selbst gar angehört,
sie schätzt ob allen Preisen.
Ein Meister, reich und hochgemut,
der will heut' Euch das zeigen:
sein Töchterlein, sein höchstes Gut,
mit allem Hab und Eigen,
dem Singer, der im Kunstgesang
vor allem Volk den Preis errang,

als höchsten Preises Kron'
er bietet das zum Lohn.
Darum so hört und stimmt mir bei:
die Werbung steh' dem Dichter frei.
Ihr Meister, die Ihr's Euch getraut,
Euch ruf' ich's vor dem Volke laut:
erwägt der Werbung seltnen Preis,
und wem sie soll gelingen,
daß der sich rein und edel weiß
im Werben wie im Singen,
will er das Reis erringen,
das nie bei Neuen noch bei Alten
ward je so herrlich hoch gehalten
als von der lieblich Reinen,
die niemals soll beweinen,
daß Nürenberg mit höchstem Wert
die Kunst und ihre Meister ehrt.

(Große Bewegung unter allen. Sachs geht auf Pogner zu, der ihm gerührt die Hand drückt.)

Pogner: O Sachs! Mein Freund! Wie dankenswert!
Wie wißt Ihr, was mein Herz beschwert!

Sachs *(zu Pogner)*:
's war viel gewagt! Jetzt habt nur Mut!

(Er wendet sich zu Beckmesser, der fortwährend eifrig das Blatt mit dem Gedicht herausgezogen, memoriert, genau zu lesen versucht und oft verzweiflungsvoll sich den Schweiß getrocknet hat.)

Herr Merker! Sagt, wie steht es? Gut?

Beckmesser: O dieses Lied! Werd' nicht draus klug
und hab' doch dran studiert genug!

Sachs: Mein Freund, 's ist Euch nicht aufgezwungen.

Beckmesser: Was hilft's? – Mit dem meinen ist doch versungen!
'ʻs war Eure Schuld! Jetzt seid hübsch für mich!
ʻs wär' schändlich, ließt Ihr mich im Stich!

Sachs: Ich dächt', Ihr gäbt's auf.

Beckmesser: Warum nicht gar?
Die and'ren sing' ich alle zu Paar', wenn Ihr nur nicht singt!

Sachs: So seht, wie's geht!

Beckmesser: Das Lied! – bin's sicher – zwar niemand versteht;
doch bau' ich auf Eure Popularität.

Sachs: Nun denn, wenn's Meistern und Volk beliebt, zum Wettgesang man den Anfang gibt.

Kothner *(tritt vor)*:
Ihr ledig' Meister, macht Euch bereit!
Der Ältest' sich zuerst anläßt:
Herr Beckmesser, Ihr fangt an, ʻs ist Zeit!

(Die Lehrbuben führen Beckmesser zu einem kleinen Rasenhügel vor der Singerbühne, welchen sie zuvor festgerammt und reich mit Blumen überdeckt haben.)

Beckmesser *(strauchelt darauf, tritt unsicher und schwankt)*:
Zum Teufel! Wie wackelig! Macht das hübsch fest!

(Die Buben lachen unter sich und stopfen lustig am Rasen.)

Das Volk *(stößt sich gegenseitig lustig an)*:
Wie, der? Der wirbt? Scheint mir nicht der Rechte!
An der Tochter Stell' ich den nicht möchte.
Seid still! ʻs ist gar ein tücht'ger Meister!
Still! Macht keinen Witz;
der hat im Rate Stimm' und Sitz.
Ach, der kann ja nicht mal steh'n.
Wie soll es mit dem geh'n?
Er fällt fast um! Gott, ist der dumm!

Stadtschreiber ist er:
Beckmesser heißt er.

(Viele lachen.)

Die Lehrbuben *(in Aufstellung)*:
Silentium! Silentium!
Macht kein Reden und kein Gesumm!

Kothner: Fanget an!

Beckmesser *(der sich endlich mit Mühe auf dem Rasenhügel festgestellt hat, macht eine erste Verbeugung gegen die Meister, eine zweite gegen das Volk, dann gegen Eva, auf welche er, da sie sich abwendet, nochmals verlegen hinblinzelt,' große Beklommenheit erfaßt ihn; er sucht sich durch das Vorspiel auf der Laute zu ermutigen.)*:
„Morgen ich leuchte in rosigem Schein,
von Blut und Duft geht schnell die Luft; –
wohl bald gewonnen wie zerronnen –
im Garten lud ich ein – garstig und fein.“

(Er versucht, besser auf den Füßen zu stehen. Die Meistersinger leise unter sich.)

Foltz, Ortel: Mein! Was ist das?

Kothner, Nachtigall: Ist er von Sinnen?

Moser, Eißlinger: Was ist das?

Vogelgesang, Zorn: Ist er von Sinnen?

Foltz, Ortel, Schwarz: Höchst merkwürd'ger Fall! Was kommt ihm bei?
Die übrigen Meister:
Woher mocht' er solche Gedanken gewinnen?

Volk *(leise unter sich)*:
Sonderbar! Hört ihr's? Wen lud er ein?
Verstand man recht? Wie kann das sein?

Schwarz *(allein)*:
Verstand man recht?

Beckmesser *(zieht das Blatt verstohlen hervor und lugt eifrig hinein; dann steckt er es ängstlich wieder ein)*:
Wohn' ich erträglich im selbigen Raum,
hol' Gold und Frucht – Bleisaft und Wucht.
(Er lugt in das Blatt.)
Mich holt am Pranger – der Verlanger –
auf luft'ger Steige kaum – häng' ich am Baum."

(Er wackelt wieder sehr; sucht im Blatt zu lesen, vermag es nicht,' ihm schwindelt, Angstschweiß bricht aus.)

Das Volk: Schöner Werber! Der find't wohl seinen Lohn:
bald hängt er am Galgen; man sieht ihn schon.

Kothner *(zu Nachtigall)*:
Was soll das heißen?

Zorn, Eißlinger, Nachtigall: Was soll das heißen?

Vogelgesang, Moser, Kothner: Ist er nur toll?

Foltz, Schwarz: Wie? Ist er nur toll?

Zorn, Eißlinger, Vogelgesang, Moser, Nachtigall, Kothner: Sein Lied ist ganz von Unsinn voll!

Ortel, Foltz, Schwarz: Alles von Unsinn voll!

Beckmesser *(rafft sich verzweiflungsvoll und ingrimmig auf)*:
„Heimlich mir graut,
weil hier es munter will hergeh'n:
an meiner Leiter stand ein Weib,
sie schämt' und wollt' mich nicht beseh'n.
Bleich wie ein Kraut
umfasset mir Hanf meinen Leib; –
mit Augen zwinkend – der Hund blies winkend –
was ich vor langem verzehrt –

wie Frucht, so Holz und Pferd –
vom Leberbaum."

(Alles bricht in ein dröhnendes Gelächter aus.)

Beckmesser *(verläßt wütend den Hügel und stürzt auf Sachs zu)*:
Verdammter Schuster, das dank' ich dir!
Das Lied, es ist gar nicht von mir.
Von Sachs, der hier so hoch verehrt,
von Eurem Sachs ward mir's beschert!
Mich hat der Schändliche bedrängt,
sein schlechtes Lied mir aufgehängt.

(Er stürzt wütend fort und verliert sich unter dem Volke.)

Volk: Mein! Was soll das sein? Jetzt wird's immer bunter!
Von Sachs das Lied? Das nähm' uns doch wunder!

Kothner: Erklärt doch, Sachs!

Nachtigall: Welch ein Skandal!

Vogelgesang: Von Euch das Lied?

Ortel und Foltz: Welch eig'ner Fall!

Sachs *(hat ruhig das Blatt, welches ihm Beckmesser hingeworfen, aufgenommen)*:
Das Lied fürwahr ist nicht von mir.
Herr Beckmesser irrt wie dort so hier!
Wie er dazu kam, mag selbst er sagen;
doch möcht' ich nie mich zu rühmen wagen,
ein Lied, so schön wie dies erdacht,
sei von mir, Hans Sachs, gemacht.

Vogelgesang, Zorn, Kothner: Wie? Schön? Dieser Unsinnswust!

Nachtigall: Das Lied wär' schön? Dieser Unsinnswust!

Volk: Hört, Sachs macht Spaß! Er sagt es nur zur Lust.

Sachs: Ich sag' Euch Herrn, das Lied ist schön:
nur ist's auf den ersten Blick zu ersehn,
daß Freund Beckmesser es entstellt.
Doch schwör' ich, daß es Euch gefällt,
wenn richtig Wort' und Weise
hier einer säng' im Kreise.
Und wer dies verstünd', zugleich bewies',
daß er des Liedes Dichter
und gar mit Rechte Meister hieß',
fänd' er gerechte Richter.
Ich bin verklagt und muß besteh'n:
drum laßt mich meinen Zeugen auserseh'n!
Ist jemand hier, der Recht mir weiß,
der tret' als Zeug' in diesen Kreis!

(Walther tritt aus dem Volke hervor und begrüßt Sachs, sodann Meister und Volk mit ritterlicher Freundlichkeit. Es entsteht sogleich eine angenehme Bewegung. Alles weilt einen Augenblick schweigend in seiner Betrachtung.)

So zeuget, das Lied sei nicht von mir,
und zeuget auch, daß, was ich hier
vom Lied hab' gesagt, zuviel nicht sei gewagt.

Ortel und Foltz: Wie fein ist Sachs!

Vogelgesang, Zorn, Eißlinger: Ei Sachs, Ihr seid gar fein!
Doch mag es heut' geschehen sein!

Nachtigall und Kothner: Wie fein! Doch mag es heut' geschehen sein!

Sachs: Der Regel Güte daraus man erwägt,
daß sie auch mal 'ne Ausnahm' verträgt.

Das Volk: Ein guter Zeuge, stolz und kühn!
Mich dünkt, dem kann wohl was Gut's erblühn.

Sachs: Meister und Volk sind gewillt
zu vernehmen, was mein Zeuge gilt.
Herr Walther von Stolzing, singt das Lied!
Ihr Meister lest, ob's ihm geriet.

(Er übergibt Kothner das Blatt zum Nachlesen.)

Die Lehrbuben *(in Aufstellung)*:
Alles gespannt! ‘s gibt kein Gesumm.
Da rufen wir auch nicht Silentium!

Walther *(beschreitet festen Schrittes den kleinen Blumenhügel)*:
„Morgenlich leuchtend in rosigem Schein,
von Blüt' und Duft geschwellt die Luft,
voll aller Wonnen, nie ersonnen,
ein Garten lud mich ein –

(Kothner läßt das Blatt, in welchem er mit den anderen Meistern eifrig nachzulesen begonnen, vor Ergriffenheit unwillkürlich fallen; er und die übrigen hören nur noch teilnahmsvoll zu. Wie entrückt.)

dort unter einem Wunderbaum,
von Früchten reich behangen,
zu schaun in sel'gem Liebestraum,
was höchstem Lustverlangen
Erfüllung kühn verhieß –
das schönste Weib, Eva im Paradies.“

Das Volk *(leise flüsternd)*:
Das ist was andres! Wer hätt's gedacht?
Was doch recht Wort und Vortrag macht!

Die Meistersinger *(ohne Foltz und Schwarz, leise flüsternd)*:
Jawohl! Ich merk'! ‘s ist ein ander Ding,

Sachs: Zeuge am Ort, fahret fort!

Walther: "Abendlich dämmernd umschloß mich die Nacht;
auf steilem Pfad war ich genaht
zu einer Quelle reiner Welle,
die lockend mir gelacht:
dort unter einem Lorbeerbaum,
von Sternen hell durchschienen,
ich schaut' im wachen Dichtertraum
von heilig holden Mienen,
mich netzend mit dem edlen Naß,
das hehrste Weib,
die Muse des Parnaß."

Das Volk *(immer leiser, für sich)*:
Wie so hold und traut, wie fern es schwebt,
doch ist es grad', als ob man selber alles miterlebt!

Vogelgesang, Zorn, Moser, Eißlinger: 's ist kühn und seltsam, das ist wahr;
doch wohlgereimt und singebar.

Kothner, Nachtigall: Kühn ist's und seltsam.
Doch wohlgereimt und singebar.

Ortel: Sehr seltsam!

Foltz: 's ist kühn und seltsam, das ist wohl wahr.

Schwarz: Sehr kühn!

Sachs: Zeuge wohl erkiest, fahret fort und schließt!

Walther *(sehr feurig)*:
„Huldreichster Tag,
dem ich aus Dichters Traum erwacht!
Das ich erträumt, das Paradies,
in himmlisch neu verklärter Pracht
hell vor mir lag,
dahin lachend nun der Quell den Pfad mir wies:

die dort geboren, mein Herz erkoren,
der Erde lieblichstes Bild,
als Muse mir geweiht,
so heilig ernst als mild,
ward kühn von mir gefreit,
am lichten Tag der Sonnen
durch Sanges Sieg gewonnen
Parnaß und Paradies!“

Volk: Gewiegt wie in den schönsten Traum,
hör' ich es wohl, doch faß es kaum.
(Zu Eva.)
Reich ihm das Reis! Sein sei der Preis!
Keiner wie er zu werben weiß!

Die Meister *(sich erhebend)*:
Ja, holder Sänger!
Nimm das Reis!
Dein Sang erwarb dir Meisterpreis!
Keiner so wie nur er zu werben weiß!

Pogner *(mit großer Ergriffenheit zu Sachs sich wendend)*:
O Sachs! Dir dank' ich Glück und Ehr'!
Vorüber nun all Herzbeschwer!

(Walther ist auf die Stufen der Singerbühne geleitet worden und läßt sich vor Eva auf ein Knie nieder.)

Eva *(zu Walther, indem sie ihn mit einem Kranz aus Lorbeer und Myrten bekränzt, sich hinabneigend)*:
Keiner wie du so hold zu werben weiß!

Sachs *(zum Volk gewandt, auf Walther und Eva deutend)*:
Den Zeugen, denk es, wählt' ich gut:
tragt Ihr Hans Sachs drum üblen Mut?

Volk *(bricht schnell und heftig in jubelnde Bewegung aus)*:
Hans Sachs! Nein! Das war schön erdacht!
Das habt Ihr einmal wieder gut gemacht!

Meistersinger *(sich feierlich zu Pogner wendend)*:
Auf, Meister Pogner! Euch zum Ruhm
meldet dem Junker sein Meistertum.

Pogner *(mit einer goldnen Kette, daran drei große Denkmünzen, zu Walther)*:
Geschmückt mit König Davids Bild,
nehm' ich Euch auf in der Meister Gild'.

Walther *(mit schmerzlicher Heftigkeit abweisend)*:
Nicht Meister! Nein!
(Er blickt zärtlich auf Eva.)
Will ohne Meister selig sein!

(Alles blickt in großer Betroffenheit auf Sachs.)

Sachs *(schreitet auf Walther zu und faßt ihn bedeutungsvoll bei der Hand)*:
Verachtet mir die Meister nicht
und ehrt mir ihre Kunst!
Was ihnen hoch zum Lobe spricht,
fiel reichlich Euch zur Gunst!
Nicht Euren Ahnen, noch so wert,
nicht Eurem Wappen, Speer noch Schwert,
daß Ihr ein Dichter seid,
ein Meister Euch gefreit,
dem dankt Ihr heut' Eu'r höchstes Glück.
Drum, denkt mit Dank Ihr d'ran zurück,
wie kann die Kunst wohl unwert sein,
die solche Preise schließet ein?
Daß uns're Meister sie gepflegt,
grad' recht nach ihrer Art,
nach ihrem Sinne treu gehegt,

das hat sie echt bewahrt.
Blieb sie nicht adlig wie zur Zeit,
wo Höf' und Fürsten sie geweiht,
im Drang der schlimmen Jahr'
blieb sie doch deutsch und wahr;
und wär' sie anders nicht geglückt,
als wie, wo alles drängt und drückt,
Ihr seht, wie hoch sie blieb in Ehr'!
Was wollt Ihr von den Meistern mehr?
Habt acht! Uns dräuen üble Streich'!
Zerfällt erst deutsches Volk und Reich,
in falscher welscher Majestät
kein Fürst bald mehr sein Volk versteht;
und welschen Dunst mit welschem Tand
sie pflanzen uns in deutsches Land.
Was deutsch und echt, wüßt' keiner mehr,
lebt's nicht in deutscher Meister Ehr'.
Drum sag' ich Euch:
ehrt Eure deutschen Meister,
dann bannt Ihr gute Geister!
Und gebt Ihr ihrem Wirken Gunst,
zerging' in Dunst
das Heil'ge Röm'sche Reich,
uns bliebe gleich
die heil'ge deutsche Kunst!

(Während des Schlußgesangs nimmt Eva den Kranz von Walthers Stirn und drückt ihn Sachs auf; dieser nimmt die Kette aus Pogners Hand und hängt sie Walther um. Nachdem Sachs das Paar umarmt, bleiben Walther und Eva zu beiden Seiten an Sachs' Schultern gestützt; Pogner läßt sich, wie huldigend, auf ein Knie vor Sachs nieder. Die Meistersinger deuten auf Sachs als auf ihr Haupt)

Alle: Ehrt Eure deutschen Meister,
dann bannt Ihr gute Geister!

Und gebt Ihr ihrem Wirken Gunst,
zerging' in Dunst
das Heil'ge Röm'sche Reich,
uns bliebe gleich
die heil'ge deutsche Kunst!

(Das Volk schwenkt begeistert Hüte und Tücher; die Lehrbuben tanzen und schlagen jauchzend in die Hände.)

Volk: Heil Sachs! Nürnbergs teurem Sachs!